UN BONHEUR EST SI VITE ARRIVÉ

DU MÊME AUTEUR

Avec Françoise Dolto
L'Évangile au risque de la psychanalyse

La foi au risque de la psychanalyse
Points-Seuil, 2 vol.

Papa, Maman, dites-moi pour de vrai
Albin Michel

Gérard Sévérin

Un bonheur est si vite arrivé

Seul, en couple, en famille...

dessins de Bernard Debelle

Albin Michel

ISBN 2-226-07737-5

À ma femme.
Ce livre existe grâce à elle
et à nos échanges incessants.

Beaucoup de gens se plaignent de n'avoir pas ceci ou cela ; mais la cause en est toujours qu'ils ne l'ont point vraiment désiré.

ALAIN, *Propos sur le bonheur*

L'inconfort est un état dans lequel il est raisonnable de se trouver.

STANLEY CAVELL

Introduction

« Vous écrivez un livre sur le bonheur !? Mais, vous le savez, le bonheur n'existe pas. Ouvrez un journal, regardez les informations, voyez votre propre vie... Même si la chance sourit parfois, personne ne peut être parfaitement heureux. Il y a tant de catastrophes dans le monde que même notre bonheur est tracassé de culpabilité. »

C'est vrai, personne ne peut être parfaitement heureux car toujours quelqu'un ou quelque chose nous fait défaut. Et cette lacune peut nous tourmenter, nous révolter et nous écraser un moment, mais aussi nous mettre en route : c'est justement grâce à ce manque et à la souffrance qui en découle que nous pourrons être heureux. Il est vrai que certains en sont momentanément broyés quand leur tourment est trop immense. Mais ce manque peut être vivable ; mieux, il nous rend heureux s'il a du sens. Si notre vie est un non-sens, c'est le malheur, car elle est alors in-signifiante. Mais quand elle a du sens, à quoi bon toujours se plaindre ? Crions à notre manière notre bonheur, il se fortifiera.

Le texte de ce livre est le fruit de conférences et d'articles parus dans divers revues et magazines, principalement *La Vie,* et que j'ai remaniés. Vous y trouverez donc des sujets variés concernant, par exemple, l'argent, la colère, le silence, la fidélité, les fantasmes sexuels, etc. vécus avec bonheur. C'est la vie de tous les jours que l'on pourra feuilleter dans cet ouvrage. C'est le fruit de mon expérience clinique et de réunions régulières avec des conseillers conjugaux du Centre de liaison des équipes de recherche.

Une adaptation a été nécessaire pour passer de l'écrit simple de l'article à un dialogue amical et secourable.

G. S.

I.

LE BONHEUR

DOCTEUR, JE VAIS TRÈS BIEN ...
... ÇA ME FAIT TROP PEUR !!

Le bonheur
ou
Avoir les pieds sur terre

Qui est heureux ?

GÉRARD SÉVÉRIN. — « L'homme bien portant, riche et instruit », répondait le philosophe mathématicien grec Thalès. En fait, chacun de nous connaît des gens bien portants, riches et instruits qui ne sont pas heureux. Il existe des stars riches et belles et... dépressives. Je connais des gens pauvres, peu instruits et... joyeux.

Pour certains, manquer d'instruction et d'argent est intolérable. Par contre, d'autres sont aiguillonnés par ce manque. Sachant que ce qui est parfait n'a pas d'avenir, ils sont heureux d'être inachevés et de vivre dans l'incomplétude pour se perfectionner. C'est une affaire de point de vue. Certains diront : c'est une affaire de gènes ou d'hérédité.

Il nous manque toujours quelque chose !

En effet, l'homme est un être de désir. Si nous désirons une meilleure santé, un conjoint, une occupation, le Loto, des enfants, un travail, ou être plus intelligent (plus rarement !) ou avoir plus de mémoire ou plus de..., c'est que toujours il nous manque quelque chose. Nous ne pouvons désirer que si nous sommes en manque et donc démunis.

Or, cette insuffisance nous fait mal ou engendre un sentiment de malheur. Ainsi, par exemple, quand l'homme ne s'aime pas lui-même parce qu'étant enfant on ne l'a pas aimé, sa carence affective devient son tourment et le drame de son entourage. Pour y échapper, certains se tournent vers la drogue ou l'alcool, ou vers le sexe, ou bien vers la psychothérapie. Avec cette dernière, ils tentent de comprendre leur déficience afin de l'apprivoiser puis de l'intégrer. Notre insuffisance nous taraude, nous obsède et parfois nous persécute. Pour la comprendre on fait bien souvent appel au passé, aux souvenirs de nos multiples frustrations. On espère que la revue des difficultés de notre enfance nous aidera à en saisir les causes et à l'obturer. Entreprise qui risque souvent d'être insuffisante pour vivre mieux.

Beaucoup de personnes se croient malades ou psychologiquement infirmes ; en fait, elles sont malheureuses.

Comprenons-nous bien : il est des maux qui demandent des soins, une lumière, une technique afin que nous changions et que nous puissions vivre notre désir et notre manque, non pas dans la tourmente, mais dans la sérénité, non pas dans le regret mais avec appétit.

Il y a un chemin à faire. Unique. Le mien, le vôtre. Si vous passez votre temps à envier le bonheur des autres, à convoiter les cartes du voisin, comment voulez-vous vivre votre vie ou jouer votre partition ? Si vous souhaitez devenir qui vous êtes et tracer votre itinéraire, ce sera avec vos propres cartes et vos propres efforts.

Mais combien de personnes disent que c'est toujours à revoir, à recommencer...

N'oublions pas que rien n'est acquis une fois pour toutes. Jamais. Vous voulez vivre avec Dieu ? Priez tous les jours. Vous voulez devenir écrivain ? Écrivez tous les jours. Musicien ? Faites des gammes tous les jours. Parler une langue étrangère ? Parlez-la tous les jours. Vous voulez vivre fidèle ? Changez-vous, inventez, « conjuguez »-vous à tous les temps, tous les jours, etc. « Si je suis mince, disait Jean-Louis Servan-Schreiber, c'est parce que je fais un régime tous les jours. »

Changez-vous ! Bougez-vous ! Provoquez votre chance. Demain ? Après-demain ?... Non, tous les jours !

Beaucoup de personnes se plaignent de tout et de rien. On dirait que c'est plus fort qu'elles.

J'ai rencontré une voisine à qui je demandais des nouvelles :

— Comment allez-vous ?

— Ce n'est pas à dire, m'a-t-elle répondu, mais je vais très bien !

— Et pourquoi n'est-ce pas à dire ?

— Parce que ça ne durera pas !

Il est des gens qui, comme ma voisine, n'ont jamais la « pêche ». Si par hasard, elle arrive dans l'assiette de leur vie, ils attendent qu'elle disparaisse.

Et pourtant, comme le dit si bien Albert Camus : « Il n'y a pas de honte à préférer le bonheur... »

Certains s'ennuient et gémissent toujours... Ils n'ont jamais de chance, disent-ils. Bien vite, leurs enfants apprennent à mentir pour leur cacher tout ce qui pourrait leur être désagréable : carreaux cassés, mauvaises notes, petites bêtises qui accableraient encore davantage ces parents-martyrs qui attendent leurs joies de leurs enfants. Redoutable responsabilité. Oppressant devoir : chaque jour leur enfant doit être en bonne santé, propre, sage, poli, heureux d'aller à l'école, premier en classe, etc. J'ai vu un père prolonger la scolarité de son fils dans sa petite ville plutôt que de l'envoyer dans la ville voisine parce que sa femme aurait eu le cafard, seule, à la maison. L'enfant est-il arrivé à réconforter sa mère ? Il a essayé sans doute de faire le plaisir de ses père et mère au lieu de faire sa vie.

Comment voulez-vous que tous ces enfants aient envie de devenir adultes ? Ils doivent consoler leurs parents qui ne rient jamais et se plaignent toujours. C'est vrai que la vie n'est pas tous les jours plaisante. Beaucoup de parents se débattent sans aide, surtout en ville. Ils sont inquiets, fatigués, agacés...

Ils estiment peut-être être authentiques envers leurs enfants.

C'est une chose que d'être « vrai » et de dire ses lacunes ou de raconter ses malheurs au travail ou ailleurs. C'en est une autre que de s'aigrir dans l'échec, la rancœur et devenir des éternels « porte-plaintes », émigrés de la vie et de la joie récitant des litanies de lamentations ou de revers.

Mais, ce faisant, ils racontent leur vie !

En fait, bien que notre monde et notre vie soient réels, nos sentiments, notre imagination et nos intérêts les remanient toujours. Chacun fait du roman. On interprète les événements selon notre meilleur plaisir. Parmi nous, personne n'est naturaliste ou scientifique au point de pouvoir filtrer toute nue la réalité de la vie. En un mot : personne n'est objectif.

Chacun aurait-il ses lunettes et ses interprétations ?

Il en est qui remâchent leur passé, ils vivent dans le souvenir. Il leur est vraiment difficile de faire le deuil de leurs malheurs. D'autres se désolent pour leur avenir. Peu vivent dans le présent.

Prenons un exemple : ainsi, qu'est-ce qu'une congestion cérébrale ? Pour un médecin, c'est un afflux de sang dans une partie du cerveau. Pour un responsable de la Sécurité sociale, ce sont des prestations pour longue maladie. Pour un couple, c'est sans doute une catastrophe. Mais aussi j'ai vu un homme heureux, joyeux, s'estimant chanceux d'avoir eu une hémorragie cérébrale qui lui a paralysé en partie les deux mains. J'ai vu une femme plus détendue et souriante depuis qu'elle avait une sclérose en plaques. Françoise Dolto a rencontré un homme heureux d'avoir été amputé d'une partie des deux jambes. Oui, la réalité est différente pour tous. Il y a autant d'interprétations de la réalité que d'individus. J'ai aussi un ami qui crie de détresse : il est paralysé des membres, il ne peut plus parler ni lire, ni écrire... Parfois, il sourit. Combien de mois lui faudra-t-il pour ne pas se résigner mais accepter et transformer son handicap ?

C'est souvent impossible seul de changer son regard sur les choses et les gens qui nous entourent, surtout si la souffrance toute nouvelle écrase ou si, enfant, aucun regard bienveillant de notre père ou de notre mère n'a allumé quelque espoir et quelque confiance en soi. Au départ d'une reconversion vers de la joie ou vers du bonheur, il faut une aide, un moteur, un ressort et du temps. Mais alors un champ de coquelicots pourra nous émouvoir, un regard d'enfant nous remuer, nous pourrons trouver « partout ce qu'il faut pour découper les minces lamelles destinées au microscope du bonheur. Tout est de grande valeur », comme l'écrit Giono.

Ne serait-ce pas ainsi se faire une belle vie et donner aux enfants l'envie de découvrir partout des gouttes de soleil car le bonheur n'est pas global. Il est une succession d'états et de dons. Le bonheur est synonyme de chance. C'est une reconnaissance de la « veine » que l'on a.

Chance, veine laissent bien sûr supposer qu'existe le malheur auquel nous avons échappé. Une ombre accompagne notre soleil. La nuit nous fait découvrir le jour. Les tiraillements de l'infidélité nous font vivre la fidélité. Que seraient les vacances sans travail ? Même au paradis, n'a-t-on pas adjoint un enfer ? Le contraste nous fait vivre le bon moment comme une chance, une fête, un bonheur.

Heurs et malheurs

Pourtant souvent les gens se disent : « À quoi bon, je n'ai jamais eu de chance ! » Programmés malheureux, pensent-ils, par l'histoire de leur petite enfance, ils continuent à se programmer malheureux pour l'avenir. Convaincus qu'ils vont encore échouer, pourquoi voulez-vous qu'ils fassent un effort pour sortir de leur ornière ?

GÉRARD SÉVÉRIN. — Il est des gens qui racontent toujours leurs malheurs. Ils aiment ressasser leurs mauvais souvenirs : guerre, mort d'êtres chers, maladies sans nombre, malchance... Ils remâchent leurs calamités. Ils les présentent comme les oscars de leur vie. Ils mitonnent les récits de leurs drames pour nous les faire déguster. Peut-être y trouvent-ils un secret plaisir ?

Dans le fond d'eux-mêmes, ils croient que c'est leur vie et qu'elle va continuer ainsi. Car si vous croyez qu'une chose est vraie, elle finira par le devenir pour vous. Si vous êtes persuadé de n'avoir jamais eu de chance, vous finirez par croire que c'est votre lot. Vous vous mettez alors dans l'état d'esprit de ne voir et de ne recevoir que du malheur. Vous vous persuadez que c'est votre destin. Si au contraire vous essayez de découvrir les rayons de soleil de votre journée et les heureux souvenirs de votre vie et si vous en parlez et en reparlez, vous agirez différemment pour votre avenir : vous deviendrez attentif à la chance qui passe.

Je me souviens d'avoir entendu à la télévision l'acteur Jean Marais raconter que, jeune comédien, il avait échoué à l'examen d'entrée au Conservatoire de Paris. Catastrophe !? « Non, raconte-t-il. À mes amis qui me plaignaient, je disais : " C'est une chance, c'est la chance de ma vie : il faut que je joue plus moderne, je vais rentrer dans une autre école d'art dramatique. " Je transformais tout en chance. »

À force d'agir ainsi, il y a cru puis il est devenu ce à quoi il croyait : un artiste. Il aurait pu croire en sa malchance et « s'écraser ». Il a cru en sa réussite et il a gagné. Si vous ne fixez que vos échecs et vos désespoirs, comment voulez-vous réussir ? Mais si vous reconnaissez vos richesses, si vous attachez votre regard à une étoile, à un mieux-être, si, au lieu de vous laisser programmer par les autres : enfance, parents, éducation, vous vous renouvelez... si vous découvrez le petit détail à changer en vous, votre vision du monde sera transformée. Il y a quelque chose à faire et vous pouvez y faire quelque chose.

« C'est la foi qui sauve », c'est bien connu. Si vous y croyez, vous déplacerez des montagnes. Au lieu de vous croire sot, laid, incapable, regardez-vous lumineux, adroit, astucieux, génial. Cela vous changera et alors vous deviendrez plus responsable de votre vie et de votre succès. Mais cela fait peur souvent et l'on préfère se croire malchanceux, voire diminué ou gravement névrosé pour rester irresponsable. Mais nous pouvons toujours prendre ou reprendre notre vie en main quitte à nous faire aider au départ.

Mais combien de fois n'entend-on pas cette plainte : « Ah, si je n'étais pas seul(e), la vie serait vivable pour moi. Il me manque un compagnon (ou une compagne), personne ne m'aime. »

Pourquoi tant vouloir vivre une autre vie ? Pourquoi ne pas vivre avec d'abord soi-même dans le bien-être ? Tous, nous connaissons des centaines de couples malheureux. Ce n'est pas la vie en couple qui rend obligatoirement la vie viable !

La maladie, la vieillesse, la mort accablent l'être humain, répète-t-on souvent. En fait, ce qui m'apparaît le plus grand des maux, c'est le regret. Il ronge. Il fait que ce n'est jamais le bon moment de vivre. Non seulement, il nous manque toujours quelque chose au présent mais nous voudrions recommencer notre vie à partir de notre naissance ou de telle date, tel événement. « Ah, si je pouvais revenir en arrière... », « Ah, si je pouvais choisir un autre homme, une autre femme... », « Ah, si je pouvais refaire des études... », « Ah, si j'avais joué mes numéros au Loto... », « Ah, si je pouvais... » Nous allons ainsi imaginairement à la chasse au bonheur, alors que nous roulons notre âme dans l'échec et parfois dans le désespoir.

Nous pouvons toujours imaginer, bien sûr, mais il arrive un moment où nous ne pouvons plus refaire notre vie. Nous pouvons toujours progresser, certes, mais nous ne pouvons plus, comme à vingt ans, tâtonner, butiner deci, de-là, aventurer de nouvelles expériences. Cependant, nous pouvons continuer à désirer, à vivre et à trouver que c'est aujourd'hui le bon moment pour vivre. J'entends certains, accablés de maux ou vidés par la solitude, soupirer que c'est impossible. Ce n'est pas si sûr. Passé le comble du découragement, nous pouvons, à nouveau, devenir attentifs. Notre condition humaine, même misérable, nous propose tous les jours du bonheur. Pas de besoin de Porsche, ni de yacht, ni de diamants, ni de beaucoup d'argent. Soyez gentils avec vous quelques moments par jour et, de plus, regardez autour de vous, en vous : il y a du soleil, du beau, de l'imprévu. « Ne soyez pas un émigré de la vie », écrivait Memmi[1].

Certains vont ricaner...

En effet, il leur est plus facile de se plaindre ou de raconter les malheurs de leur vie ou les catastrophes du monde que de dire une lumière, une intuition, une paix, les bons moments survenus.

Beaucoup pensent que le drame ou la malchance aide à avoir les pieds sur terre et peut nous inciter à changer le monde. C'est en étant malheureux avec les malheureux, pensent-ils, que l'on est incarné : la vie n'est pas rose, aiment-ils répéter. Mais la bonne humeur aussi et le bonheur peuvent transformer la société et diffuser la joie. Un chirurgien en bonne santé, confiant en lui, sera plus efficace qu'un praticien mal dans sa peau. Des parents joyeux distillent de la joie chez leurs enfants. C'est le bonheur de vivre qui donne du bonheur, plus sûrement que la culpabilité, la tristesse ou la dépression. Celui qui se met en alerte pour trouver ce qui est bon, beau, habille tout de splendeur. Il n'est ni mou ni illuminé.

1. *Le Monde,* 15 juin 1990.

Il devient efficace dans la joie. Et la joie suscite de la joie...

Mais oui, soyons sages : cultivons ce que nous avons au lieu de vivre dans le regret. Aujourd'hui est le bon moment. Aujourd'hui allume son moment privilégié. Plutôt que de ruminer des malheurs en se programmant pour de la calamité comme nous le faisons si habituellement, préparons-nous à une belle vie et profitons-en aujourd'hui car nous devenons ce que nous contemplons.

ENFIN CHÉRIE !?.. ÉCRAN GÉANT, ANTENNE PARABOLIQUE, CANAL + ... QU'EST-CE QUI TE MANQUE POUR ÊTRE HEUREUSE ??

Peur, mon amie

Certains pourtant attachent beaucoup de prix à leur anxiété comme s'il leur était nécessaire d'avoir peur. « C'est quand j'ai le trac que je suis le meilleur », me confiait un acteur.

GÉRARD SÉVÉRIN. — Le comédien Mastroianni à qui l'on demandait, avant de jouer une scène, s'il avait le trac, répondit : « Mais je ne suis pas malade ! » Tous les bons comédiens n'ont donc pas le trac. Il n'est pas nécessaire d'avoir peur avant d'affronter un public ou un examen.

Pourtant beaucoup y tiennent, sans oser se l'avouer. Ils imaginent que l'inquiétude leur rend service. Ils croient qu'elle donne du poids et du sérieux à leur vie qui, sans elle, serait un peu vide. Les alarmes et les petits affolements donnent un peu de sel à leur existence. D'autres sont convaincus que l'appréhension ou l'inquiétude est un aiguillon sans lequel ils se laisseraient aller. Compliments, lauriers, éloges les rendraient mous. Ils préfèrent être taraudés par le sens du devoir ou même les scrupules.

Tous ces gens ne sont donc pas prêts à quitter leur peur : elle les fait se surpasser, croient-ils, elle est donc leur meilleure amie. Ils ne peuvent pas imaginer vivre sans elle, sans en être tourmentés. Sans épée dans les reins, ils n'avanceraient pas. Jamais ils n'envisagent qu'ils pourraient être d'abord attirés, entraînés, enthousiasmés par une rencontre, un but, un travail à réaliser. Non, il leur faut la peur au ventre.

Pour beaucoup de parents cette angoisse est un signe d'amour. Et l'on se fait du mauvais sang pour un rhume. On se tourmente pour un carnet scolaire ou un retard le soir. On s'affole pour une diarrhée. « Vois comme je t'aime ! »

« J'ai mal à ta jambe ! » comme disait l'autre, sans songer que c'est ainsi que l'on envahit le domaine de son enfant, que l'on tisse d'anxiété ou même d'angoisse.

S'attendrir est une marque d'amour. En effet, le mal qui touche l'autre nous touche aussi. Cependant, ce serait tellement mieux de lui montrer qu'on le préfère en bonne santé, de le féliciter pour ses bonnes notes et de le fêter quand il rentre à l'heure.

Une remarque pourtant : nous confondons souvent angoisse et peur. L'angoisse est un sentiment terrible qui laisse dans une détresse paralysante. C'est un malaise qui produit des effets physiques intolérables : le cœur a des palpitations accélérées, un poids pèse sur la poitrine, une étreinte étrangle la gorge, une sensation de vide et de perte d'équilibre accompagne une chute de tension, etc. C'est la panique sans cause apparente, contrairement à la peur.

Tous ceux qui en sont victimes disent qu'ils veulent en sortir... Et pourtant, ils y tiennent car l'angoisse joue, là encore, un rôle d'amie. Une amie que l'on ignore et qui s'y prend mal sans doute mais qui nous veut du bien. L'angoisse, en effet, nous prévient d'un danger et en même temps nous le cache. C'est une espèce de couverture qui dissimule un sentiment dangereux : le plus souvent une agressivité meurtrière ou une tension sexuelle excessive ou coupable, etc. Mieux vaut, croit-on inconsciemment, avoir une angoisse que de voir notre réalité qui n'est, en fait, jamais aussi terrible que notre effroi.

Ainsi donc y a-t-il peur et peur, angoisse et angoisse. Quand on a peur d'un danger réel, par exemple d'un lion qui rentre chez soi en se léchant les babines, la peur est la bienvenue : elle permet de fuir ou de virilement combattre ! Quand on a peur d'un danger imaginaire ou inconscient qui engendre l'angoisse, mieux vaut dénicher le tigre de papier qui nous affole tant et nous paralyse. Le découvrir seul ? C'est pratiquement impossible, il faut une thérapie.

Quant aux affres, craintes et autres frissons avant examen ou consultation chez un médecin ou de partir en voyage, etc., essayons de voir comment ces signaux d'alarme amis pourraient nous rendre service sans nous faire mal. C'est possible.

Ou bien, au lieu de nous laisser submergés par cette peur qui renaît sans cesse, à la veille d'un examen par exemple ou d'une rencontre, etc., nous pourrions, en beaucoup d'occasions, nous mettre de nous-mêmes dans un état de détente ou de succès. Ce qui ne nous dispense pas de préparer notre bac ou notre entretien d'embauche ! Comment faire ?

Vous l'avez remarqué quand nous dégustons une boisson ou quand nous mangeons un plat, il nous arrive d'être « transportés ». Une paëlla peut nous faire voyager, l'odeur de l'huile d'olive peut devenir l'huile de nos vacances. Un air de musique, une chanson peuvent nous rendre présents des êtres chers, des événements heureux ou malheureux, des sentiments tendres ou martiaux. Ce phénomène est si commun que nous n'y prêtons guère attention.

Proust d'ailleurs l'a décrit : « Dès que j'eus reconnu le goût du morceau de madeleine trempé dans le tilleul que me donnait ma tante, aussitôt, la vieille maison grise sur la rue, où était sa chambre, vint comme un décor de théâtre. » Chaque fois que Proust voulait revoir ce décor, il n'avait qu'à retrouver la madeleine de son enfance trempée dans le tilleul.

Allons plus loin : Gilbert Bécaud ne peut chanter sans sa cravate à pois ou sans sa pochette à pois. Ces « petits pois » lui rappellent un morceau de jupe que sa mère avait déchirée dans la coulisse pour lui confectionner une cravate, à la dernière minute, quand il y était allé de sa première chanson. Ce morceau d'étoffe lui rappelle mère et succès... et le transporte vers un souvenir de réussite. Ce bout de tissu lui apporte force, confiance et courage comme une chanson.

Faisons encore un pas. Pour untel, ce sera un chiffre, pour un autre une médaille, un porte-bonheur ou un signe de croix avant de commencer un match, ou encore une image pieuse, un mois de l'année qui procurera une impression de force, de bien-être, de sécurité et qui aidera ainsi à être plus serein, plus confiant et donc plus gagnant. Ce sont des recours qui, nous mettant dans un certain état, dans une atmosphère, peuvent nous servir à mieux vivre s'ils sont dynamisants ou, au contraire, nous rendre tristes et victimes perdantes s'ils sont négatifs[1]. Ils nous mettent en condition, comme on dit.

1. Je ne parle pas ici de ceux qui ont des manies rituelles encombrantes qui handicapent leur existence et qui ont des idées

Cet ensemble de croyances nous est légué par notre expérience mais aussi par notre entourage et notre culture ! « Savez-vous, m'a signalé en son temps le grand exorciste[1] de Paris, qu'en Italie il y a un jour néfaste pour les opérations ? Un de mes amis, victime d'une crise d'appendicite, a eu toutes les peines du monde à se faire opérer ce jour-là et le chirurgien traumatisé par ce jour “ néfaste ” a mis trois fois plus de temps que d'ordinaire pour faire son travail. Il tremblait. Je l'ai vu : j'assistais à l'opération. »

---

obsédantes, des doutes, des scrupules, qui se sentent obligés de tout vérifier, ou de ceux que les microbes affolent, etc.

1. Prêtre qui, dans chaque département, pratique des exorcismes, qui chasse les démons ou purifie certains lieux.

Toucher du bois, rencontrer un chat noir, l'aspect fâcheux du chiffre 13 nous sont des superstitions qui nous ont été transmises par notre environnement, tout comme d'aller allumer un cierge avant un examen. Pourquoi faire la moue devant cet héritage ? Si l'on y croit, ça marchera : Ta foi t'a sauvé... » La superstition, c'est super ! Les horoscopes ne sont-ils pas, depuis les temps les plus anciens, une manière de conjurer l'avenir ? Mme Soleil devrait être médaillée : ses billets journaliers donnaient force et courage à beaucoup d'auditeurs !

Bien sûr les scientifiques qui ne croient à rien d'autre qu'à la science, les religieux qui n'ont pas besoin de se mettre dans un cadre ou en condition pour prier crieront à la magie, à l'irrationnel. La superstition est un péché contre l'esprit ou contre l'Esprit !... Est-ce si sûr ?

Bonne année !

Revenons sur cette phrase que vous avez dite tout à l'heure : « Nous devenons ce que nous contemplons. »

Et ce que nous faisons. Cette phrase vous surprend ! On en parle peu, en effet. Nous y reviendrons à nouveau. Ainsi, les vœux du Nouvel An :

Mes meilleurs vœux !
Je vous souhaite une bonne année !
Une bonne santé !

Certains se moquent de ces formules qui se murmurent, se bougonnent ou se clament au Nouvel An et durant tout le mois de janvier.

Et pourtant, dire ou écrire chaque année : « Je rêve pour vous une meilleure année ! J'aimerais que vous ayez une bonne santé ! », dire ou écrire ces souhaits et ces sentiments change nos rapports avec les destinataires. Nous change aussi... si, dans ce « rite », nous mettons du sens.

Écrire ces cartes de Noël ou du Nouvel An, laborieusement parfois, c'est, une fois par an, souhaiter du bonheur plutôt que de rêver d'indifférence. Souhaiter du bien plutôt que de ruminer ressentiments et inimitiés. Cela nous rend meilleurs.

Par ce rite des vœux, nous disons notre amitié qui a besoin d'être dite pour vivre. Ces cartes de vœux sont une parole, une parole qui reste… Mais, de plus, elles pourraient nous permettre aussi de dépasser notre agressivité ! Car cette agressivité, nous avons à la canaliser, on ne peut pas la laisser tout dominer. Et puis, nous pouvons aimer quelqu'un même si nous avons des reproches à lui faire.

En fait, une fois par an, nous avons une occasion de dépasser nos rancœurs... Un rite nous permet de renouer les liens brisés. Une tradition nous aide à quitter le plaisir de ressasser des griefs pour accéder à une joie de dire ou d'écrire ce que nous souhaitons à l'autre...

Et aussi de voir écrit noir sur blanc des vœux de bonheur, d'entendre des souhaits de réussite… si nous croyons à ce que nous écrivons et à ce que nous recevons, cela nous change et amorce une réconciliation ou réchauffe une amitié.

N'en est-il pas de même avec les cadeaux ?

Sans doute, comme me le disait un ami : « On va renouer. » Qui ? Quoi ? Avec qui ? Me reviennent en mémoire tous les cadeaux que prépara Jacob pour son frère ennemi Esaü ! « Deux cents chèvres, vingt boucs. Deux cents brebis et vingt béliers. Trente chamelles laitières avec leurs petits. Quarante vaches et dix taureaux. Vingt ânesses et dix ânes. […] Jacob se disait : " J'attendrirai son humeur en me faisant précéder de ce présent. " » (Genèse XXXII, 15-16, 21). Il a mis le « paquet » pour calmer son frère et se faire pardonner son plat de lentilles !

Beaucoup se disent avec Jacob que les cadeaux comme la musique adoucissent les mœurs. Ils détournent l'agressivité. Sans doute est-ce vrai quand il y a conflit : un cadeau à la fête des pères ou des mères attendrit et l'on renoue. « Papa, tiens, voici ton cadeau... », et la larme à l'œil ce père reçoit de son fils, parti une semaine plus tôt en claquant la porte, un briquet ! On se réconcilie.

Mais à Noël, par exemple, ce n'est tout de même pas la même chose : nous ne sommes pas en fâcherie avec tous nos invités. Nous n'avons pas toujours à nous réconcilier avec nos amis. Le cadeau n'a pas toujours la fonction d'amener le pardon.

En effet, le cadeau peut être un don. Un don pour faire plaisir : on a essayé de deviner les attentes de l'autre. On a feuilleté les catalogues. On a fait du lèche-vitrines. On a enquêté. Le temps passé à découvrir le cadeau, à l'acheter, à l'envelopper d'un papier-cadeau justement et ce présent lui-même représentent une part de nous que nous offrons. Même de peu de valeur, ce geste exprime notre amitié. Nous attendons donc d'être reconnu en lui : en ce don, nous avons mis une partie de notre âme. Le merci nous dit que l'autre a reçu notre message.

À ce sujet, un ami me disait : « Quand je suis invité je n'apporte jamais rien, j'aurais l'impression de payer mon repas. » Mais un cadeau ne paie rien, ne règle rien ! Offrir quelque chose à mes hôtes, c'est les reconnaître, c'est leur dire que je me sens déjà en dette envers eux. On dit déjà sa reconnaissance avant de se mettre à table (ou dès le début de l'année ou à Noël). Ce n'est pas payer de la « bouffe », c'est au contraire se reconnaître en dette et s'inviter à échanger. Ce n'est pas du « donnant-donnant », mais c'est un échange. Comme le voisin qui arrive avec son : « Tiens, je vous apporte du poisson », et qui repart avec une bouteille de beaujolais nouveau. Tout désir s'augmente à se communiquer à l'autre et à ne pas se satisfaire en seul plaisir solitaire.

À force d'échanges répétés, nous ne savons plus qui est en dette mais nous sommes ainsi toujours en dette. Mais oui ! Comme le fait si bien remarquer Georges Levesque[1] : « On ne donne pas pour éponger une dette, au contraire, on donne pour la faire durer afin que dure la relation. »

Mais certains cadeaux peuvent apparaître tellement dérisoires qu'ils ne sont pas signe d'amitié mais d'indifférence ou de mésestime. Et puis, même si votre présent offre votre amitié et montre votre attachement, l'autre peut arrêter l'échange, stopper la relation. Le retour n'est pas assuré. Mais peut-être notre cadeau aura-t-il mis l'autre en route et à son tour fera-t-il de même avec d'autres, comme nos enfants à qui nous avons donné la vie et qui la donneront à leur tour à leurs enfants. Faire un cadeau nous change, de même qu'en recevoir un.

Le bonheur ou le malheur, ça se fabrique donc ?

En partie. Les actes que nous faisons ont des conséquences. Ceux que nous ne faisons pas ont des conséquences. Nous sommes le fruit de nos ancêtres et de ce que nous réalisons et de ce que notre culture, notre religion, nos habitudes font de nous. Ayons les deux pieds sur terre : l'un qui marche vers le bonheur, l'autre qui s'extrait du malheur.

1. Dans la revue *Jésus,* n° 78, septembre 1993.

II.

INCONSCIENTS, QUI ÊTES-VOUS ?

À chacun son point de vue

Les psychanalystes ont réponse à tout... à ce que l'on dit !

GÉRARD SÉVÉRIN. — Comme les hommes politiques et les hommes d'Église !

Toutes ces personnes auraient-elles la vérité sur l'homme ?

Il y a quelques années, à la télévision, un astrophysicien, Carl Sagan, nous expliquait que nous vivions dans trois dimensions. La longueur est la première. La deuxième tient compte de la largeur : une ligne qu'on appelle longueur multipliée par une autre donne une surface ; première dimension donc, la ligne, la deuxième dimension étant la surface. La troisième est commandée par une ligne qui irait en hauteur. Une surface multipliée par une hauteur donne un volume. Ligne, surface, volume, voilà les trois dimensions dans lesquelles nous nous mouvons. (Je ne prends en compte dans ce propos ni le temps ni la durée.)

Imaginons des êtres qui vivraient sous deux dimensions : la ligne et la surface. Sans volume. Imaginez des êtres plats : triangles, carrés, rectangles, disques en papier alu. Pures surfaces, sans volume. Leurs habitations seraient donc un trait sur la surface d'un champ.

Mais pourquoi ?

Mais parce qu'ils n'ont pas de toit, pas de murs : ils ne connaissent pas la hauteur ni le volume, puisqu'ils ne vivent que sous deux dimensions, la longueur et la surface.

Imaginons qu'une pomme vienne leur rendre visite. Cette pomme vient d'un « autre monde » pour eux.

En effet, elle descend chez eux mais ils ne la voient pas : ils ne peuvent pas lever la tête étant donné qu'ils ne connaissent pas la hauteur !

Cette pomme n'existe donc pas pour eux. Mais voici qu'elle se pose chez eux, dans un champ. Ils viennent voir cette ligne nouvelle venue chez eux. Car de ce fruit, ils ne voient qu'une ligne, celle qui court en cercle en faisant jonction entre la pomme et le champ. Ils ne voient ni sa grosseur ni sa couleur. Ils ne connaissent pas le sucré de sa chair, ni la résistance de sa pulpe, ni ses pépins, ni l'arbre duquel elle vient, ni sa manière de se reproduire. Ils n'en voient qu'une ligne courbe parce qu'ils ne sont, eux, que lignes et surfaces.

Imaginons que cette pomme, avant d'atterrir chez eux, soit passée, dit toujours Carl Sagan, sur un tampon encreur. Voilà qu'en quittant nos êtres de papier alu, elle va laisser une trace, une surface d'encre ou peut-être plusieurs îlots de surface.

Et voilà tout ce petit monde de papier alu, carrés, rectangles, triangles, angles aigus ou obtus, selon leur caractère, qui s'efforcent d'aller voir et d'inspecter ces traces d'encre. Je vois un psychanalyste, un théologien, un philosophe, un éducateur, des parents, des médecins, des juges, enfin tous ceux que vous pouvez mettre dans une commission ! Et chacun va dire la vérité de ce qu'il voit, c'est-à-dire son point de vue.

Le médecin dira : « C'est un gigantesque embryon, un monstre, une erreur de la nature », et c'est vrai, de son point de vue. Le paléontologue se trouvera devant l'énigme du Lochness ou une trace de dinosaure. « Ça, c'est une pomme-Dieu-chez-nous », affirmera le théologien, et c'est vrai, de son point de vue. C'est vrai. Mais est-ce la vérité ? « Mais non, vous voyez bien que vous parlez de vous, prétendra le psychanalyste. En disant que cette surface est une pomme-Dieu, vous vous projetez en elle, vous parlez de vous sans le savoir, vous voyez bien que c'est votre image que vous admirez. » Et c'est vrai. Mais est-ce la vérité ? Et les parents, les éducateurs, etc., en mettant parfois les lunettes d'un aumônier ou d'un « psy » ou d'un professeur ou d'un philosophe, ou à partir d'une expérience ou d'un idéal, y verront autre chose encore... Chacun dira sa science, sa croyance, son doute. Ce n'est pas faux, mais est-ce la vérité ?

Mais alors, on peut reprendre la célèbre phrase de Ponce Pilate : « Qu'est-ce que la vérité ? »

Je n'en sais rien mais je puis vous dire que personne ne possède la vérité, personne. En effet, qu'est-ce qu'une tache d'encre par rapport à une pomme ? Et pourtant, ce n'est pas rien. C'est grâce à elle que les « papiers alu » vont peut-être orienter leur vie, c'est grâce à cette tache d'encre que peu à peu « ils » vont finir par se redresser pour chercher d'où elle vient et découvrir une autre dimension : le ciel et ses étoiles. Ils vont se décoller de la terre, se distinguer de l'animal, se mettre debout.

Beaucoup, cependant, prétendent posséder la vérité et même être infaillibles...

Jamais nous ne la possédons à moins d'être totalitaires. Mais alors la vérité meurt dans nos bras. Nous ne pouvons réduire la vérité à notre point de vue. Nous ne possédons pas la vérité, nous n'avons que des savoirs infimes toujours en progrès.

Et il nous faut de nombreux points de vue pour découvrir plus de savoir. Si nous affirmons avoir la vérité, si nous refusons celle du voisin, nous voici au bord de la guerre.

Pourquoi ?

Parce que la manière de voir du voisin, différente de la mienne, me remet en cause, ce qui est insupportable à mon amour-propre et peut-être à mon équilibre. C'est là que les idéologies et les intégrismes trouvent leurs racines. Les idéologues ne cherchent ni le vrai, ni le savoir, ils cherchent à défendre leur pouvoir en donnant l'impression qu'ils ont le droit pour eux.

Et les intégristes ?

Les intégristes ne veulent pas être remis en cause. Pour eux, pas de changements, pas d'évolution. Ils confondent la vérité et les savoirs. Ils croient avoir la vérité alors qu'ils n'en ont qu'une facette, une approche. L'histoire récente et celle d'aujourd'hui nous en donnent bien des exemples.

Et les psychanalystes ?

Eux, comme les autres, peuvent vouloir faire abus de pouvoir. Ils ne sont plus alors des psychanalystes mais des militants ou des psychanalysants. C'est pourquoi les lecteurs ne vont pas croire tout ce que je dis, même si je suis convaincu : mon expérience et mon savoir sont trop limités.

INCONSCIENT À TRIBORD !!

L'inconscient

Qu'est-ce donc cependant que l'inconscient, sur lequel le psychanalyste fonde son savoir ?... Souvent on se pose cette question.

GÉRARD SÉVÉRIN. — Sachez que les psychanalystes se la posent aussi ! En effet, ce que l'on appelle la découverte de Freud est une hypothèse : personne n'a jamais vu l'inconscient. On ne peut même pas l'imaginer. Il restera encore longtemps à l'état d'hypothèse.

Peut-être que dans cinquante ans on en rira. En attendant, « ça » marche. Si l'on prend en compte cette instance psychique, l'humain qui est en nous et le pathologique sont plus compréhensibles. Pas totalement bien sûr, car l'homme échappe toujours à lui-même, que ce soit dans son psychisme ou dans son corps. L'homme est toujours autre.

Comment donc notre inconscient a-t-il été découvert ?

Au siècle dernier, un grand astronome, Le Verrier, a découvert une nouvelle planète : Neptune. Ceci sans la voir, par calculs et seulement en examinant les perturbations d'Uranus, une planète voisine.

Il en a été de même pour Freud, à Paris, à la Salpêtrière. Vous savez qu'il s'est servi de l'hypnose pour guérir ses malades. Il hypnotisait ses patients et leur donnait, sous hypnose, des consignes qu'ils exécutaient au réveil même si apparemment elles étaient sans fondement, comme par exemple ouvrir un parapluie en pleine salle d'examens. Pour Freud, ce fut l'illumination : voilà un homme qui a reçu une consigne (ouvrir son parapluie) et, sans savoir pourquoi, il exécute cette directive ; de plus il justifie son geste... « C'est pour voir, dit-il, si le parapluie fonctionne bien pour le cas où il pleuvrait dehors. » Alors que la vérité de son comportement — ici, obéir à l'hypnotiseur — est tout autre, mais elle est inconnue de lui. Elle est inconsciente. Et pourtant cet homme se croyait libre d'ouvrir ce parapluie.

Ainsi, en chacun de nous cohabitent des consignes, des ordres, des modèles qui nous viennent de notre enfance, qui ont été refoulés et qui nous font agir aujourd'hui d'une certaine manière, à notre insu.

Pour expliquer l'inconscient, on a souvent comparé le psychisme humain à un iceberg.

Vous savez que la partie qui émerge de l'eau, la partie que l'on voit, est le tiers de la montagne de glace. Il reste encore deux tiers invisibles, cachés dans la mer, inconnus.

Le tiers visible, connu, serait le conscient. Les deux tiers enfouis seraient l'inconscient.

Il y a le « moi » émergeant et dont s'occupe la psychologie. Il y a l'inconscient immergé dont s'occupe la psychanalyse. Je schématise outrancièrement. Faire une psychanalyse, c'est donc plonger dans son histoire, c'est faire un voyage au bout de soi-même, jusqu'à sa naissance et même avant sa naissance.

Mais pourquoi aller si loin ?

Mais parce que notre histoire personnelle y commence. Si notre mémoire, je dirais intellectuelle, ne se rappelle que de peu de chose, les faits, les paroles qui nous entouraient sont inscrits dans nos cellules.

En effet, on peut dire dans un premier temps qu'avant sa naissance l'enfant « est parlé » par ses parents. Ils « disent » ce qu'ils imaginent de la couleur de ses yeux, du choix de son prénom... On l'a « déclaré » à la Sécurité sociale pour les visites prénatales. Peut-être l'a-t-on « annoncé » à la Maternité pour retenir une place et a-t-on « averti » le clergé et la lointaine famille du jour possible du baptême... Il est déjà quelqu'un d'attendu, de parlé par la famille, par la société et, éventuellement par la religion de ses parents.

De cela le fœtus n'a pas conscience. C'est de l'inconscient pour lui. De même, ce qu'on lui cache d'une fratrie antérieure à lui ou d'avortements clandestins.

Ces signifiants, ces mots vrais ou mensongers qui le précèdent, le fabriquent déjà avant qu'il ne soit conçu, avant qu'il ne soit né. Lui donner le prénom d'un frère ou d'une sœur défunt et tu, par exemple, n'est pas sans incidence sur lui. Van Gogh et Salvador Dali en ont su quelque chose... Voilà les premiers éléments de base, pourrait-on dire, de l'inconscient de chacun.

C'est le lieu de la parole.

Mais c'est le lieu de la parole des autres et d'abord des père et mère. Paroles qui nous déterminent déjà.

Si ces paroles sont tues, si elles sont des secrets, si elles ne sont pas délivrées à l'enfant, elles vont « tirer les ficelles » et le forcer à vivre peut-être à côté de sa vérité. Il en faudra du temps pour découvrir par exemple qu'une IVG cachée et qu'il vient de deviner ou un divorce gardé secret n'est pas une honte pour lui et qu'il n'est responsable en rien de ce que ses parents ont fait. Car il le « connaît » cet avortement ; la petite fille qui vient de naître « sait » que son père voulait un garçon ; elle est au courant que c'est un copain de son père qui est venu la chercher à la maternité. Tout cela est gravé dans le psychisme, dans le cerveau de l'enfant. Et ce qui est tu par les parents, ce qu'ils n'osent pas dire est ressenti par le bébé comme une bassesse déshonorante et par l'adolescent comme une honte qu'il doit expier... sans même le savoir.

Au commencement donc sont les paroles et les actes des parents. Ils forment l'inconscient de l'enfant dès avant sa naissance. Pourquoi ne pas les dire et les redire à l'enfant s'ils le concernent ? Il sera ainsi délivré au lieu que son inconscient soit alourdi d'énigmes et d'angoisses. Ces paroles vraies vont « l'accoucher » une seconde fois.

Nous pouvons toucher l'inconscient, la part obscure de nous-mêmes et de notre enfant en lui parlant vrai comme vous le dites, mais y a-t-il d'autres possibilités de le « travailler » ?

Tout d'abord, il existe plusieurs sortes d'inconscients ! Il y a celui de Freud, et il y a aussi celui d'Erickson, par exemple.

Pour Freud, l'inconscient désigne la part de notre psychisme faite de nos désirs refoulés, de pulsions, de paroles non dites, de fantasmes héréditaires ou innés ou acquis. Le rêve est la « voie royale » par où s'exprime cet inconscient, de même qu'il se livre par nos lapsus, nos actes manqués, nos oublis, etc. Dans l'inconscient, il n'y a pas de doute ni de négation ni de degrés. Vous l'avez déjà remarqué, dans nos rêves, nous aimons ou nous tuons, par exemple. Pas de détails. L'inconscient ne fait pas dans la nuance ! Tout ce grouillement de désirs et de fixations tente de surgir dans notre conscient mais celui-ci fait barrage quand ce qui va surgir nous déplaît ou nous apparaît immoral. Si l'inconscient se fait insistant et notre conscient bloquant, nous arrivent des symptômes, des maux, des maladies qui disent et cachent ce que notre inconscient veut nous communiquer. Le concept d'inconscient est une construction, une hypothèse, comme je l'ai déjà dit, mais, dans bien des cas, celle-ci se révèle juste et touche à une réalité de notre psychisme. Reste que bien souvent nous pensons notre inconscient comme un enfer que nous ne pouvons pas maîtriser. C'est un ennemi de l'intérieur.

C'est un point de vue, comme avec la pomme de tout à l'heure.

En effet, Erickson, célèbre psychiatre américain, rénovateur de l'hypnose pour les thérapies, n'a pas du tout la même idée de l'inconscient. Pour lui, c'est un ami qui nous veut du bien. C'est un processus, une dynamique qui enrichit nos contacts avec la réalité. Il n'est donc pas une menace pulsionnelle que le conscient est contraint de refouler. Il n'est pas un tourment pour notre équilibre mais un grand réservoir de sagesse.

Cela dit, il est difficile seul de « travailler » ou de faire collaborer notre inconscient. Il faut souvent l'aide d'un thérapeute. Cependant, tout le monde ne va pas engager une psychothérapie ! Vous pouvez agir seul sur lui ou avec lui.

Par exemple :

— Le soir, avant de vous endormir, demandez-lui de vous donner un rêve signifiant, en rapport avec votre difficulté. Si vous le lui demandez vraiment et d'une manière détendue, au bout de deux ou trois nuits vous aurez ce rêve que vous vous raconterez et que vous pourrez inventorier. Cette découverte vous changera.

— Vous pouvez aussi, le soir, faire attention à bien choisir votre dernière lecture ou votre dernier film car ce que vous contemplez (film, lecture de brochures, de journaux...) vous l'emporterez dans votre sommeil et, pendant la nuit, tout cela imbibera votre inconscient et deviendra peu à peu ou moteur ou source d'angoisse ou de joie dans notre vie. C'est un autre moyen de travailler notre inconscient.

— Quand vous faites un lapsus, quand vous dites un mot pour un autre, essayez de découvrir ce qui vient de s'échapper de votre inconscient qui certainement vous révèle quelque chose pour votre bien. De même, quand vous faites un acte manqué, pour votre inconscient, c'est un acte réussi car il vous dit ce que vous ne connaissez pas encore... comme cette personne qui m'écrivait : « Monsieur, c'est toujours avec un vif désintérêt que je lis votre rubrique... », alors que toute la lettre me disait le contraire ! Pourquoi ce vif désintérêt plutôt que vif intérêt ?

Voilà qui nous interpelle, nous met en marche et nous ouvre un horizon.

Le psychosomatique

Sommes-nous un corps ? Sommes-nous un psychisme ? Un esprit ? Les deux à la fois ?

Tout est psychosomatique chez l'homme ! En lui, n'existe pas d'un côté une âme (psyché), et de l'autre un corps (soma). Pour certains, l'âme serait à soigner à l'Église ou chez les psychologues, et le corps serait l'affaire des médecins. D'un côté la religion ou la psychologie, et de l'autre le « vétérinaire » ! Chaque discipline tire le malade à soi. Maux de ventre ? Maux de tête ? Otites ? Diarrhées ? Asthme ? Cancer ? Allergies ? Etc. « Mais, affirmeront les uns, c'est psychologique ! » Et les autres crieront au scandale : « C'est organique ! Et même pour la dyslexie, on en a découvert, en Amérique, le fondement organique. »

Chaque semaine, les revues « sérieuses » situent qui le gène du crime, qui le langage des cellules, quand une autre nous surprend en expliquant que vomir, c'est dire une colère et que l'allergie au pollen est une difficulté sexuelle (le pollen = les petites graines !).

Nous n'avons pas notre corps d'un côté et de l'autre notre psychisme.

« Il n'y a pas de corps sans psychisme et pas de psychisme sans corps. Cette division est aberrante », écrit le docteur P. Benoît[1].

C'est pourquoi on trouvera sans doute toujours une explication physique et une explication psychique à nos maux. Ce qui nous arrive a tellement de causes que chacun sera modeste dans sa recherche.

Cependant, de plus en plus, on sait les liens qui existent entre notre psychisme et les réactions de notre corps. Cent pour cent charnel et cent pour cent psychique, l'homme est psychosomatique !

On doit donc soigner ce corps avec des médicaments et des vaccins et des interventions chirurgicales... Les microbes, les virus, les bactéries existent. On peut aussi bâillonner ce corps avec des calmants.

Mais on peut aussi avoir le courage et la patience d'aider le malade à parler.

Ce qui n'est pas dit avec des mots reste coincé dans le corps et fabrique des maux.

L'être humain est corps parlant. L'homme n'est pas un animal ! C'est un homme ! « Notre carcasse ne fonctionne donc pas comme celle d'un animal[2] ! ». En effet, quand nous sommes malades, par exemple, nous ne pensons pas seulement à nos microbes. Nous ressentons aussi notre frustration d'un bonheur, notre peur d'une opération, notre angoisse de la mort. Avec une maladie, il y a du psychologique. Aujourd'hui, pour le cancer, les médecins

1. *Agenda de la psychanalyse*, 1988.
2. *Ibid.*

suggèrent « un suivi de l'environnement », autrement dit une aide psychologique et affective du malade.

Mais bien souvent ces « mots » inédits nous sont inconscients. On ne peut donc pas plaquer une interprétation sur telle souffrance physique. Il nous faut souvent de longs mois avant de découvrir ce que nos maux veulent dire.

Chaque médecin, chaque chirurgien peut être « psychosomatique », c'est-à-dire avoir cette attitude qui fait rencontrer en chaque maladie un malade, c'est-à-dire quelqu'un qui a une vie psychique, une force en lui pour s'en sortir ou se détruire et non une mécanique ou des organes à soigner. Une femme souffrant depuis des années d'une polyarthrite très douloureuse, me disait : « Jamais un médecin ne m'a demandé : " Comment vivez-vous votre handicap ? " »

Chaque « psy » pourrait se creuser la tête pour se demander pourquoi ce client dit ses maux de cette façon avec son corps et non plus avec des paroles.

Et les parents diront les maux de leur petit avec les mots qu'il ne possède pas encore. C'est leurs paroles qui humaniseront sa biologie, son corps, sa maladie.

CULPABILITÉ

Le sentiment de culpabilité

Abordons maintenant un aspect de notre inconscient qui fait souvent problème : le sentiment de culpabilité. Ainsi : « À quatorze ans, me disait un ami, je suis parti au cinéma... Quel drame à la maison ! Pensez, j'étais parti sans permission et j'avais oublié de prévenir. Ma mère en a attrapé une migraine. C'était la désolation et les réprimandes chez mon père. » Et ce jeune s'est senti coupable, mal à l'aise. Un peu tortionnaire. En faute.

GÉRARD SÉVÉRIN. — Les adultes aussi ! Laurence est mère de famille. Chaque week-end elle va avec son enfant chez ses parents. Pourtant, une fois, elle s'est autorisée à rester chez elle pour faire du ménage. Sa mère en a été si malheureuse, si chagrinée que maintenant elle ne manque plus jamais un week-end dans la maison de son enfance. Même adultes, certains obéissent toujours à leur papa et à leur maman.

C'est que la désobéissance, même si elle est imaginaire, angoisse, et le plaisir aussi. On se fait des reproches. Puis viennent les remords et la honte. Un sentiment diffus d'indignité personnelle s'installe. Les reproches rongent. On se sent en faute. Certains croient être égoïstes. D'autres s'imaginent dans le péché.

Et puis les remontrances font perdre un peu d'amour de soi. Beaucoup sont bientôt déçus de ce que les autres pensent d'eux... et parfois si profondément dépités qu'ils deviennent déprimés et n'ont plus de désirs personnels sinon que de faire le plaisir des autres.

En fait, ce qu'ils ont fait n'était pas mal. Mieux, n'est-ce pas valeureux de tenter de devenir autonome ? De prendre un petit coup de liberté ? Ce n'est pas un crime, bien au contraire. Et pourtant, ils se « sentent » coupables, voire pécheurs.

C'est que le « sentiment » de culpabilité est un état affectif qui, dans notre civilisation, est le plus répandu. Personne n'y échappe. De plus, il existe sans relation parfois avec un acte précis.

Ainsi, après plusieurs années de psychanalyse surgit chez un homme un souvenir enfoui qui va l'éclairer sur son sentiment dépressif et sur sa vie si sombre : « J'avais sept ans, me racontait-il angoissé, j'étais en train de dormir dans la chambre de ma mère, quand, une nuit, je l'ai entendue gémir. Je ne comprenais rien. Je me demandais ce qu'elle avait. Puis j'ai découvert qu'elle n'était pas seule. Je me sens coupable d'avoir été là et d'avoir entendu " ça "... » Cet enfant n'avait rien fait de mal, il avait entendu ! Mais les remords ont surgi. Que se reproche cet adulte ? Il ne le sait pas. Et pourtant, il se sent toujours mal à l'aise.

Peut-être lui avait-on dit : « Ce n'est pas bien d'écouter aux portes ! » Pour le petit qu'il était, surprendre des bruits, des conversations de grands est devenu alors une faute, surtout dans le domaine sexuel encore souvent tabou ou passé sous silence.

Certains sont « coupables » d'exister. « Mon père est parti à ma naissance », disait incidemment une femme en racontant sa vie. Elle avait toujours « pensé »... qu'il était parti en apprenant que son enfant était une fille. Elle se sent coupable d'exister... fille !

Les enfants se sentent responsables des disputes de leurs parents et même de leur divorce.

Et les parents pourraient alléger ce sentiment de culpabilité d'autant plus fort **que** l'enfant se sent toujours le centre du monde. Ils pourraient lui dire : « Ce sont nos problèmes d'adultes, tu n'y es pour rien. On divorce, on ne s'entend plus, tu n'y es pour rien. » De même, « si ton frère (ou ta sœur) est mort, tu n'y es pour rien même si souvent tu ne t'entendais pas bien avec lui. » Voilà ce qui libérerait le petit souvent désemparé face aux drames de la vie.

« Si une fille avait volé en classe, me racontait une femme, et que l'institutrice demandait à la coupable de se désigner, je me sentais accusée et mal à l'aise alors que je n'étais coupable de rien »... Ces enfants traînent une vie de réprobation. Coupables inconscients, donc coupables innocents de leur jalousie ou des fausses couches ou des avortements des parents, des secrets cachés, des hontes tues mais qui infestent l'atmosphère de leur vie.

Que faire ? C'est bien difficile car la source est inconsciente et remonte souvent dans la nuit des temps.

Si la vie est une insupportable souillure ou d'une impardonnable malpropreté, il serait bon d'entreprendre une thérapie. Ce n'est heureusement pas souvent le cas.

Il faut du courage, beaucoup de courage parfois pour aller contre sa « conscience » et prendre sa liberté, penser autrement, agir différemment, faire ce que l'on croit devoir faire malgré l'entourage ou les autorités. Dans un premier temps, nous allons ressentir cafard, vague à l'âme, tristesse, peur ou mauvaise conscience. Et pourtant, c'est parfois à ce prix que l'on devient quelqu'un. Une angoisse peut surgir alors quand on naît à soi-même. Faire émerger notre « je » fait souvent peur car nous sommes alors moins bien vus, nous perdons parfois des amis. Mais nous pourrons en découvrir d'autres. En attendant, nous nous sentons seuls dans un dénuement affectif. C'est un moment difficile. C'est prendre un risque. Le risque d'être libre avant d'être heureux.

Le transfert de sentiments

Dans nos conversations banales, quotidiennes, en parlant d'une chose nous disons aussi autre chose...

GÉRARD SÉVÉRIN. — Tout comme avec son accent le Marseillais ou le Suisse « parle de son pays en parlant d'autre chose ». Prenons un exemple, au café :

— Garçon ! Un whisky.
— Bien, monsieur.
— Pour moi, ce sera un Ricard.
— Et un Ricard.
— Et pour moi, une tomate.
— Et un jus de tomate !

Ces trois amis font connaître une demande d'apéritif. Ils obtiennent trois réponses différentes. C'est qu'en formulant cette simple demande d'apéritif, ils disent aussi autre chose. Le premier dit peut-être sa « classe ». L'autre dira son côté prolétaire. Le troisième son écologisme ou sa jeunesse. Et tout cela, sans s'en rendre compte, sans le savoir.

De plus, certains consommateurs vont chercher auprès du serveur un regard d'approbation, un sourire, une connivence, etc. Autrement dit, demandant un apéritif, ils

HÉ ! VOUS AVEZ LE REGARD SOUMIS DE MA MERE !!
BONJOUR MA PETITE DAME !!
HÉ ! VOTRE AIR AUTORITAIRE ME TROUBLE COMME CELUI DE PAPA !!
HEU... HUM... B'JOUR M'SIEUR...

demandent aussi autre chose. Sans le savoir, inconsciemment. Le garçon de café pourra donc être pris pour un serveur, pour un camarade ou un copain, etc. « C'est selon ! » Sans le savoir, les clients transfèrent sur le garçon, en plus de leur demande expresse de boisson, des sentiments et diverses demandes, de même le malade sur l'infirmière ou le médecin, l'étudiant sur le professeur, le citoyen sur le gendarme, etc.

Certains démarcheurs le savent bien et savent en tirer parti.

Ils sentent ce que le client « transfère » sur eux. Munis de ce « pouvoir » qu'on leur donne, ils peuvent manipuler l'acheteur.

Cette scène se répète quotidiennement et peut-être même plusieurs fois par jour. Ces transferts de sentiments s'opèrent à notre insu. Les tandems médecin-malade, professeur-élève, prêtre-pénitent, adulte-jeune, homme politique-électeur... sont fondés sur ces transferts de sentiments : je ne demande pas seulement un médicament au médecin mais aussi qu'il regarde mon corps comme ma maman peut-être le faisait et ne le fait plus. D'un prêtre, je n'attends pas seulement un conseil mais aussi qu'il me reconnaisse « intéressant » comme mon papa ne l'a jamais fait. Etc.

C'est dire qu'il est nécessaire de repérer ces attentes, parallèles et souterraines dans nos échanges...

Les dépister est fondamental. Ce sont elles qui soustendent toutes nos relations. Si nous ne les remarquons pas, nous risquons d'en abuser à notre insu. Il est important de découvrir qui nous représentons pour l'autre, surtout pour les jeunes, afin de ne pas utiliser indûment cette autorité qu'ils nous prêtent. C'est ainsi que certains responsables de jeunes deviennent involontairement des « bourreaux des cœurs » ou, sans y prendre garde, des dictateurs. Certains parents redeviennent petits enfants devant la maîtresse de leurs propres enfants, à la maternelle : ils retrouvent, sans le savoir, celle de leur enfance !

Mais paradoxalement que faisons-nous en « transférant » ces sentiments qui, depuis notre enfance, sont dans notre inconscient ? Que disons-nous ?

Comme je le notais tout à l'heure, sans le savoir nous parlons d'autre chose : nous formulons une demande d'amour. Toujours.

Le risque est alors d'accaparer pour soi cet appel de l'autre. Le danger existe lorsque la personne à qui est dédiée la demande (garçon de café, médecin, responsable de jeunes) imagine, sans se le formuler — comme je viens de l'expliquer —, que cette demande d'amour s'adresse à elle personnellement et qu'elle y répond favorablement. Alors que toutes les différentes personnes rencontrées ne font que re-présenter quelqu'un (père, mère, etc.) à qui le jeune, l'enfant ou l'adulte n'a jamais pu parler comme il l'aurait désiré.

Alors, à coup sûr, à chaque instant, nous transférons sur les personnes que nous rencontrons notre quête d'amour : sur l'épicier, le policier... ?

Nous ne pouvons pas faire autrement. Cependant, le sachant, nous pouvons y être vigilants pour vraiment rencontrer l'autre et non pas en faire la re-présentation des personnages de notre enfance.

JE VOIS TOUT EN NÉGATIF !

La dépression

Notre quête d'amour, si elle est insatisfaite, ne mène généralement pas à la dépression. Les coups de cafard ou de déprime, le vague à l'âme ne sont pas la dépression : on arrive à s'en sortir seul. Une invitation, une distraction, une réussite nous remettent le pied à l'étrier, un horizon s'ouvre à nouveau. Et, comme on dit, « ça repart ». Mais si ça ne « repart pas » ?

GÉRARD SÉVÉRIN. — La dépression est en effet tout autre chose. C'est un état de souffrance difficile à supporter qui dure des jours et des jours, des semaines et des mois. Le déprimé vit dans une tristesse noire. Remords et nostalgie lui font ruminer ses échecs, ses souvenirs douloureux. Un vide intérieur s'installe et lui montre l'avenir avec des dangers imprécis et démoralisants.

Il n'est intéressant pour personne, croit-il, ni pour lui-même. Il se trouve incapable, maladroit, velléitaire, médiocre ou nul. Il est pesant à son entourage et à lui-même. Il n'a de goût à rien. Il ne sait plus qui il aime. Aucune joie ne l'anime. Aucun sommeil ne le répare.

À ce tableau s'ajoute pour le déprimé un ralentissement de ses gestes et de ses idées. Son visage devient inexpressif, ses mouvements rares et lents. Il souffre un enfer. Cette affection touche aujourd'hui une centaine de millions d'individus dans le monde.

Quelles en sont les causes ?

Elles sont multiples. Chaque déprimé a ses raisons. « Tout a commencé avec une remarque ironique de mon chef de service », me confiait une cliente. Pour un autre, ce sera la perte d'un travail ou un divorce ou un surmenage, un accident voire une chute. D'autres tombent en cet état après avoir découvert un défaut, une faille en l'image qu'ils avaient d'eux-mêmes. Chacun a sa raison consciente. À celle-ci s'ajoute le « terrain ».

En effet, si vous êtes un homme, vous aurez beaucoup moins de risques de dépression que si vous êtes une femme. Deux déprimés sur trois sont des femmes. Peut-être sont-elles plus lucides que les hommes et reconnaissent-elles plus facilement leurs troubles tandis que ceux-ci les cachent dans l'alcool, dans la violence ou même dans la drogue. Certains pensent aussi que les troubles de l'équilibre hormonal de la femme après l'accouchement, ou avec la prise de contraceptifs, ou à la ménopause, ont des effets dépressifs...

Mais, il existe aussi des dépressions déguisées, masquées. Mon voisin est souriant, volubile même, très affable ; « pourtant, me dit-il, mon médecin m'a conseillé une psychothérapie car je suis toujours fatigué. Réveillé à trois heures, je ne peux plus me rendormir. »

D'autres ont de la tachycardie, des points dans le dos, des accès de boulimie ou de l'hypertension, etc. Le tableau est vaste. Ils viennent me voir avec leurs analyses, les lettres de professeurs qui indiquent qu'aucune pathologie n'a été trouvée, autrement dit que « tout va bien » !

Mais quelle différence peut-on faire entre une « déprime » et une dépression, entre un découragement, une anxiété et une crise d'abattement pathologique ?

De prime abord, les symptômes, c'est-à-dire les signes apparents, peuvent paraître identiques : même lassitude, même lenteur, même absence d'envie, mêmes maux divers. La grande différence vient de la durée et de la manière dont on perçoit la cause.

Un dépit amoureux, un échec à un examen, la perte d'un être cher peuvent nous décourager et même nous démoraliser profondément. Cependant, cet effondrement n'est pas de longue durée. Après quinze jours, trois semaines, nous commençons à émerger. La dépression nerveuse est de bien plus longue durée. Si après deux mois nous constatons les mêmes symptômes, c'est que nous ne vivons pas un simple coup de cafard.

Pour ce qui est de la perte d'un être proche, le deuil sera plus long, bien sûr, mais alors nous savons clairement que notre souffrance vient de l'absence de notre parent dont la disparition nous fait journellement souffrir.

Mais comment en sortir ?

Un jeune me disait : « Tous les jours, mes parents, compréhensifs au début, se mettent en colère contre moi. Outrés, ils me ressassent des : “ Tu as tout pour être heureux. Il ne te manque rien. Secoue-toi un peu. ” » Ces conseils, ces harcèlements quotidiens ne servent à rien. Je ne crois pas que l'on puisse soigner la dépression à coups de volonté. La famille pourrait aider le dépressif en lui conseillant d'aller consulter son médecin.

Avec sa compréhension, celui-ci donnera quelque médicament. Il y a beaucoup de malades qui sortent ainsi de leur dépression. Il faut du temps, de la patience mais après quelques mois « on s'en sort ».

Mais ne risque-t-on pas de resombrer ?

Peut-être... mais pas forcément ! Cependant, il est des dépressions rebelles à tout traitement médicamenteux. Pour celles-ci, il est nécessaire d'entreprendre une psychothérapie (même pour les autres si l'on souhaite comprendre comment cette ankylose de la personnalité s'est installée...).

Le mécanisme psychique de la dépression est inconscient. On pourrait le résumer en disant brièvement que d'abord le déprimé retourne contre lui l'agressivité qu'il ressent contre les autres. Ainsi, au lieu de critiquer ou de désapprouver un chef de service ou de blâmer un père imprudent qui s'est fait, par exemple, tuer à la guerre ou sur la route, on va garder en soi cette colère. Mais c'est bien vite intolérable que de reconnaître avoir en soi une fureur contre quelqu'un que l'on respecte et que l'on aime. On va imaginer alors que l'objet de notre colère, de notre haine est en nous. Et voilà pourquoi le déprimé dirige contre lui-même sa fureur : il se dévalorise, il ne vaut rien, bientôt il n'aura plus de goût pour rien ; pis, il se fait juge agressif de lui-même, il se rend victime, s'accuse sans cesse et se punit avec la panoplie de maux physiques dont nous avons déjà parlé. Vous voyez que la vraie cause lui échappe. Elle est inconsciente.

Quand, peu à peu, à la faveur des séances, le patient pourra admettre que l'agressivité peut faire bon ménage avec l'amour, il sera sur le chemin de sa guérison. Bientôt, il va accepter ses contradictions. Il reconnaîtra ses ambiguïtés. Il fera l'expérience que l'on peut aimer quelqu'un et en même temps avoir des reproches à lui faire.

Mais certains ne supportent pas la force de leurs sentiments agressifs qu'ils trouvent trop négatifs ou destructeurs. Alors, ils les refoulent à tout prix, et ceux-ci resurgissent en maux.

J'entends cette jeune femme me raconter comment elle était sortie de sa dépression : « J'avais vingt ans. Depuis deux ans, j'allais sans goût, sans émotion, sans rien du tout. Je disais toujours “ oui ” quand on me demandait un service. J'étais aimable avec tout le monde. Mais je ne pouvais prendre aucune initiative et le soleil n'avait aucune chaleur, aucune lumière pour moi. On parlait de me faire des électrochocs. Un jour, mon père, je ne sais plus pourquoi, a été excédé et m'a envoyé une gifle dont je me souviendrai toute ma vie, en hurlant : “ Ça suffit ! J'en ai marre ! ” Et j'ai été guérie ! Vous voyez que ça peut marcher, la manière forte ! »

C'est vrai : l'agresseur, la colère, la haine n'étaient plus en elle. Son père, avec sa gifle et son cri, les incarnait hors d'elle. Et surtout, elle était devenue quelqu'un : son père l'avait reconnue et rejointe. Elle découvrait qu'elle était vraiment importante pour lui.

Mais comment commence une dépression ?

Elle commence quand émerge notre personnalité et que nous avons peur de la laisser naître car nous perdrions notre image en face des autres. (Beaucoup se dépriment quand ils se découvrent homosexuels, par exemple.) Nous avons peur d'être différents et rejetés, peur de déplaire, peur de ne plus être la gentille petite fille, par exemple, et alors nous taisons nos souhaits insolites, nous rabotons nos envies originales. Nous passons sous silence des souvenirs étranges jusqu'au moment où un rien fait déborder la coupe, nous l'avons vu plus haut, et plus rien de la vie ne nous convient alors. Nous nous ruinons nous-mêmes, nous nous désagrégeons plutôt que d'oser devenir nous-mêmes.

Qu'est-ce que guérir ?

Dans ce chapitre a souvent été abordé le problème de la guérison ou du moins de l'amélioration. Mais, dans le fond, qu'est-ce que guérir ?

Je pense à cet homme de l'Évangile, « infirme depuis trente-huit ans » (Jean v, 5), que personne ne venait secourir… Malade à vie… Jésus lui demande : « Désires-tu devenir bien portant ? » Il en avait fait des efforts pour se jeter dans la piscine miraculeuse !… Mais, « le temps que j'y arrive, disait-il, un autre y descend avant moi ». Jésus lui dit : « Mets-toi debout ! Prends ta paillasse ! Marche ! » Et tout de suite, il prend sa paillasse et marche.

S'est-il habitué à sa nouvelle vie ? Car ne plus être un assisté peut être angoissant ! Les animaux sauvages apprivoisés rechignent à chercher leur nourriture. En effet, les responsabilités inquiètent. Le plaisir de la liberté peut effrayer certains. Il faut du temps pour se préparer à sa guérison comme cet infirme de l'Évangile qui s'est efforcé des années durant de descendre dans le bouillonnement de l'eau.

La plupart du temps, une partie de nous veut quitter la maladie ou le handicap, et l'autre partie n'en veut rien

LE DOCTEUR DIT QUE TA MALADIE EST UNE FUITE ...
... JE ME DEMANDE BIEN DE QUOI ?!

savoir. Comme me le disait un client : « Je crie au secours et je ne veux pas de secours. » Car nous aimerions, en plus de la guérison, pouvoir garder les petits bénéfices que nous offre maladie ou mal-être. « Je voudrais bien ne plus être frigide, mais si je vibre, je vais dépendre de mon mari », me confiait une femme. « Nous éloigner de nos parents ? Les quitter ? Oui ! Mais qui gardera nos enfants ? », etc. Guérir, être à sa place, n'est pas facile. Certains deviennent même fous pour être plus heureux.

Mais qu'est-ce que guérir alors ?

Chacun en a sa petite idée. Le psychanalyste dira : « Ne touchez pas aux indices, aux signes, aux symptômes : ceux-ci disent et cachent ce qui se passe dans l'inconscient et procurent un certain plaisir. C'est dans l'inconscient qu'il faut travailler. Ainsi, des maux de tête, des otites, des cystites... révèlent le mal-être qui est ailleurs que dans l'organe malade. » Beaucoup de médecins, hélas, se concentrent uniquement sur l'organe souffrant et excluent le malade qui devient une hépatite, un poumon, une hémorragie. Mais il faut dire que, très souvent, on ne demande pas autre chose au praticien : qu'il me guérisse de ma cirrhose et me permette de rester alcoolique, de mon eczéma et de garder ma colère intérieure, etc. Il faudrait tellement changer sa manière d'être qu'il est plus facile d'avaler un médicament.

Remarquez aussi qu'un malade peut s'estimer guéri alors qu'aux yeux de son médecin ou du chirurgien, il ne l'est pas. Médecin et patient, en effet, n'ont pas forcément le même point de vue sur la santé ou sur la vie. Tout comme l'histoire de la pomme au début de ce chapitre.

Pour moi, guérir, c'est résoudre la difficulté que l'on a pour vivre avec les autres. C'est trouver sa place pour vivre avec soi et en union avec les autres. C'est permettre à ce père qui vient de perdre son enfant de dix-neuf ans d'un cancer de vivre sa souffrance, de faire son deuil puis de devenir accessible aux autres. C'est aider cette femme à quitter sans danger de mort pour elle son mari paranoïaque, puis à divorcer et à s'ouvrir aux autres. C'est aider cette religieuse à délaisser son dieu sadique (ou du moins l'image qu'elle s'en est faite) pour s'unifier et reprendre vie avec les autres.

Réaliser sa guérison n'est pas forcément confortable ni facile. C'est aisé quand l'âme n'a que quelques bobos ou quelques bleus. Mais cela peut être parfois chirurgical ou dramatique.

Après trente-huit ans d'habitude sur sa paillasse, le paralytique de l'Évangile a dû se sentir démuni comme un nouveau-né, peut-être asphyxié par trop d'air nouveau ou libéré tout à coup pour aller vers les autres.

III.

PÊLE-MÊLE HUMAIN

Mon corps, c'est quelqu'un

« Quand il est jeune, on l'exhibe, quand il devient vieux, on le gomme. » Ce raccourci résume assez bien notre attitude face à notre corps. De combien de préoccupations et de soucis n'est-il pas entouré ? Aujourd'hui, notre corps c'est « quelqu'un ».

GÉRARD SÉVÉRIN. — Quelqu'un qu'on écoute. Ses maux nous parlent, son bien-être nous rassure. Il faut le rendre présentable. Sa forme est à entretenir, sa ligne à profiler. Saunas, massages, gymnastiques diverses, musculation, thalassothérapie doivent le maintenir en forme car c'est un ami que nous devons soigner.

Extenseurs, natation, marche, nous aident à le redessiner, à le calibrer pour qu'il devienne conforme aux normes saisonnières ! Les régimes et la chirurgie esthétique aident aussi puissamment à ce travail ! Il nous faut gérer au mieux ce capital physique pour pouvoir l'exhiber sur les plages ou à la gym du lycée. Que ses kilos ne nous fassent pas honte ni ses rides.

Nos grands-parents n'hésitaient pas à rire avec des chicots dans la bouche. Leurs cheveux blancs et leurs premières

« pattes d'oie » étaient des promotions. Aujourd'hui, on gomme cette décadence. Il faut à tout prix être admiré, charmer. Vieillir, jamais ! Personne ne veut perdre la face. N'est-ce pas une révolution culturelle ?

C'est que notre corps n'est plus une métaphore du psychologique ni le psychologique une métaphore du spirituel. Le corps n'est symbole de rien du tout. Claudel est loin qui disait : « C'est l'esprit qui contient le corps et qui l'enveloppe tout entier » *(Le Soulier de satin).* Est-il encore pour le croyant « le temple du Saint-Esprit » ?

Le corps aujourd'hui n'a plus de sens sinon qu'il faut le faire durer, le faire bien fonctionner. « Il faut le faire exister pour lui-même [1]. » Il n'est plus porteur de paroles. Il ne sert même plus à dire nos sentiments : le minitel y suffira bientôt.

C'est vrai qu'il devient de moins en moins un moyen de communication. Nos rapports se font secs, mécaniques et standardisés. On ne se « touche » plus, on couche vite fait, bien fait. À moins que pour s'épanouir, on aille voir des spécialistes de la communication qui vont nous redessiner une attitude à prendre pour à nouveau être « in », c'est-à-dire « instinctivement » chaleureux, « naturellement » spontanés, « simplement » primesautiers !

Peut-être un jour découvrirons-nous une valeur transcendante aux soins esthétiques, au bronzage, aux liftings et au strip-tease. En attendant, recyclons notre corps... ça peut toujours servir !

Mais se profileront quand même la vieillesse et son temps qui passe. Le corps ne pourra plus être « quel-

1. Gilles Lipovetsky, L'*Ère du vide*, Gallimard, 1983.

qu'un » qui nous suffira. Il ouvre alors vers ou la mort ou ailleurs...

D'ailleurs l'avez-vous remarqué : la plupart de nos conversations ont pour objet notre corps. On raconte les derniers déboires de santé, le résultat des dernières analyses, l'accident qui a failli arriver. Les mères de famille sont souvent inquiètes d'une toux, d'une poussée de fièvre... « Tiens-toi droit, sinon tu seras bossu. » « Ne suce pas ton pouce, tu te déformes les dents. » Etc.

Et quelle gymnastique n'impose-t-on pas à nos bambins pour leur apprendre à manœuvrer la cuillère puis la fourchette et enfin le couteau ! Les adultes passent une grande partie de leur temps à organiser les usages du corps... Même les doigts dans le nez ne sont pas autorisés... en public ! On n'en fait pas ce que l'on veut, de notre corps ! Cela avec raison car nous vivons en groupe et nous avons à prendre en compte les sentiments des autres. Notre corps n'a pas à les gêner.

Par ailleurs, nous ne faisons pas « un » avec lui. Ne dit-on pas : « J'ai un corps », c'est-à-dire que nous avons avec notre corps un rapport de propriétaire. De lui nous sommes d'ailleurs souvent expropriés par nos éducateurs. Nous n'abordons pas le cas des tortionnaires ni des violeurs qui réduisent l'autre à un objet.

Notre corps est en grande partie sous la dépendance des autres. « Tu *dois* avoir envie de faire pipi », dit la mère. « Tu *dois* être fatigué », dit le père. Même nos « envies » sont programmées par les autres. Et le professeur de gymnastique avec ses huit tours de piste en quinze minutes nous possède et nous essouffle sans nous demander notre avis.

Tout cela, bien sûr, concerne notre éducation occidentale. Car il y a des continents où l'on mange avec les doigts. Comme me le disait un Marocain : « Les doigts ? C'est ce qu'il y a de plus propre ! Et c'est ce que Dieu nous a mis dans les mains. » Manger avec les doigts devenait ainsi pour lui un acte de piété.

Des pays entiers apprécient les femmes corpulentes. Chez nous, les hommes préfèrent les « bassins parisiens », les « bassins méditerranéens » étant moins cotés. Tout ce qui concerne le corps est affaire de canons, de règles et de règlements, d'habitudes aussi : on peut être nu sur certaines plages, il faut se couvrir à l'église. Les parents sont furieux si leur adolescent ne se lave pas tous les jours mais le père peut ne pas se nettoyer la barbe quotidiennement.

Malgré la décontraction d'aujourd'hui, il faut des réglementations qui nous civilisent.

Sinon nous assimilons notre corps à notre personne tout entière : il doit être performant en sport, en orgasmes, en beauté. Nous lui rendons un culte. Si son vieillissement est insupportable et place souvent celui qui prend de l'âge dans une dépression ou un agacement qui fait dire : « Il vieillit mal », c'est que nous avons évacué l'essentiel : le corps est métaphore, médiateur de sentiments, d'émotions et de spirituel.

Si mon corps n'est pas un intermédiaire pour exprimer ce que je pense et ce que je sens, ou ce à quoi je crois, il ne sera qu'une chose que je vais tenter de faire admirer puis, en vieillissant, m'emportera dans son naufrage et le cul-de-sac de sa mort.

Le manger

GÉRARD SÉVÉRIN. — À ce corps, il faut de la nourriture et pas seulement des hydrates de carbone, des surgelés ou du ketchup. Les jeunes le savent qui s'offrent de « bonnes bouffes » au restaurant ou entre copains. On mange, en effet, des signes sociaux : « Manger, c'est avaler du spirituel ou du signifiant », disait Lacan.

D'ailleurs, n'est-ce pas ce qu'écrivait saint Jean dans l'Apocalypse X, *9 : « Je m'avançai vers l'ange et lui dis de me donner le petit livre. Il me dit : " Prends et mange-le, il sera amer à ton ventre mais, à ta bouche, il sera doux comme le miel. " Je pris le petit livre de la main de l'ange et je l'ai dévoré. Dans ma bouche, il était comme du miel, doux mais, quand je l'eus mangé, mon ventre en fut amer. »*

Oui, manger est autre chose que se remplir l'estomac. Quand le nourrisson tète sa mère, il avale certes du lait mais il avale aussi tous les mots que lui dit sa mère. Tous les mots affectueux, tous les diminutifs descendent dans le bébé avec le lait. Avec cette nourriture, le tout-petit avale l'amour de sa mère et son identité à lui. Sa « colonne

vertébrale », c'est son tube digestif ! Ce qui le fonde, c'est le lait chaleureux de sa mère et ses paroles. L'allaitement peut être une communion entre la mère et son bébé. Cette communion nourrit l'enfant corps et esprit.

Les repas jouent un rôle fondamental dans la vie familiale.

Tout en ouvrant la bouche pour manger et déguster on peut l'ouvrir aussi pour offrir ses pensées, ses sentiments, partager son intimité.

L'adulte mange pour apaiser sa faim, pour emplir le « creux » qu'il a au ventre. Mais le hamburger ne lui suffit pas. Il désire autre chose. Il désire se nourrir aussi avec d'autres choses. Nous souhaitons tous échanger des paroles avec autrui, avoir une certaine convivialité, un plaisir d'être ensemble, une communication, une « communion »... L'homme ne vit pas seulement de pain mais de paroles et de spirituel. Sinon, faisons comme les Romains qui se goinfraient et allaient se soulager au vomitorium pour recommencer ensuite.

Il est nécessaire aussi de faire effort d'imagination pour faire plaisir en variant les recettes, en innovant. Ainsi, on donne de l'amour en donnant autre chose. Nous souhaitons que ce que nous mangeons ait un sens ou nous apporte du rêve. Ainsi, nous mangeons du souvenir avec un plat de notre enfance. Nous avalons de la fraîcheur, voire de la liberté, avec un fruit exotique. Nous absorbons de l'amertume ou de l'ennui avec un repas sans saveur..

Et lorsque nous mangeons du poisson, le vendredi.. que mangeons-nous ? Bien sûr, les historiens et les sociologues nous diront l'histoire de cette coutume. Les nutritionnistes conseilleront cet aliment. Il est apprécié de ceux qui entament un régime. Certains savants y verront l'acrostiche grec de Jésus Christ, Fils de Dieu, Sauveur. D'autres encore, un poisson d'avril ! Mais...

Il y a quelque temps, le vendredi, le poisson était dans votre assiette pour « faire maigre ». Il représentait, pour la majorité, même si nous n'y pensions pas, une séparation d'avec la bonne chère. Il indiquait une rupture d'avec la bonne chair ! Chaque vendredi ou seulement le vendredi saint, le chrétien mange symboliquement de la souffrance en union, en « communion », avec la mise en croix de Jésus.

Cela peut apparaître aberrant aux matérialistes que nous sommes, et pourtant... Quand, entre amis, nous organisons un barbecue, tout le monde y participe. C'est un moyen de souder une amitié et de l'exprimer.

À votre bon plaisir

Le corps n'est pas seulement un outil de séduction... !

GÉRARD SÉVÉRIN. — Et pourtant que nous affirme la publicité ?

« Il vous faut un visage qui résiste au rythme de la vie : avec des liposomes, votre minois restera éclatant... dix-heures durant ! »

« Ça ne va plus avec ton entourage ? Une langouste grillée t'attend avec un punch à sept mille kilomètres de la France !

« Communication difficile avec votre femme ? Prenez une nouvelle... voiture qui vous donnera émotion et passion. De plus, elle est économe ; 3,70 litres à 90 km/h !

« Et si vous manquez un peu de virilité, une marque de cigarettes vous rendra cow-boy, c'est-à-dire “ vache de gars ” ! »

« Et n'oubliez pas l'esthéticienne qui peut vous poser un masque de beauté... »

Sans ces « plus » de la publicité, certains pensent perdre la face. Ils imaginent aussi laisser leur joie de vivre. À chacun ses besoins. À chacun ses excitants. À chacun son désir. Mais ce qui est certain, c'est que nous avons à détendre la corde de notre arc : il faut nous faire plaisir !

Cela est récent. L'idée de bonheur est récente. Autrefois, c'était la gloire qui était cotée, puis ce fut l'honneur qui était prisé. A succédé ensuite le sens du devoir, puis enfin le bonheur est venu en compétition avec la souffrance et les « sacrifices à faire ».

Maintenant on veut être autonome, libéré et heureux.

C'est vrai que se détendre à la piscine, se faire plaisir avec une nouvelle jupe ou prendre du bon temps en face d'un gâteau est important. Rêver pour le plaisir, c'est bon pour la santé ! « Manger à pleines dents les flammes de la vie », n'est-ce pas vivre à plein ?

Ces rêves, ces détentes, ces menus plaisirs ou ces extravagantes folies — à chacun ses possibilités — nous aident à vivre. Comme personne n'est équilibré et que nous sommes tous des équilibristes, il nous faut prendre du plaisir pour tenir sur le filin de notre vie. Pourquoi se faire plaisir serait-il désastreux ou coupable ?

Il me semble que trop souvent l'éducation consiste à promouvoir l'effort, le sacrifice, la souffrance : voilà les valeurs ! Les vraies, entendons-nous dire !

Pourquoi ne ferait-on pas aussi du plaisir une valeur ? Trop souvent, hélas, il est estimé dangereux. C'est, pense-t-on, une faiblesse, une faute voire un péché car il ne sert à rien... sinon qu'à se faire plaisir !

Pour avoir du bonheur, il faut le mériter, répète-t-on souvent. Pourquoi ne jamais recevoir un plaisir, un bonheur comme un cadeau... gratuitement.

Se donner du plaisir rend léger. C'est la souffrance qui donne du poids ! Écoutez les gens : souvent ils se racontent leurs malheurs, ils en rajoutent même. C'est à qui aura le plus de déboires, de deuils ou d'accidents. Ce sont les médaillés de la calamité qui provoquent l'admiration. C'est que les tribulations soulagent !

Mais notre plaisir a des limites. Qui aime manger ne peut avaler toute la carte du restaurant. Qui est avide de plaisir sexuel ne peut faire vibrer ni tous les hommes ni toutes les femmes de la terre. Qui aime voir de belles choses ne peut admirer qu'un musée à la fois et une œuvre à la fois. Quand on est saturé, on n'a plus de plaisir. Sursaturé de dessert, on est écœuré.

Le plaisir s'apprend. Il donne saveur et piment au bonheur. Il doit avoir ses limites sinon il deviendrait habitude.

Certains plaisirs aussi parasitent les autres et préparent ainsi les guerres. Il est des airs de musique qui ravissent les uns mais qui empêchent les autres de dormir ou de réfléchir. Tout comme le bricolage et ses coups de marteau ou les vrombissements de la perceuse qui... virilisent (comme le dit la pub) l'homme mais qui dépriment la voisine. Ils suscitent des rancunes infinies.

Le plaisir aussi bute donc sur des frontières ; au-delà, c'est la souffrance de la privation, c'est le territoire du voisin, c'est l'interdit de la loi. Ces frontières peuvent muter le plaisir en amour.

En attendant d'arriver à cette étoile, n'oublions pas le Talmud qui nous dit : « Tu seras comptable de tous les plaisirs que tu n'as pas pris [1] ! »

1. Cité par Albert Memmi, *Le Monde* du 16 décembre 1988.

MON INCONSCIENT M'APPELLE À COMBLER SANS ATTENDRE UN MANQUE INSUPPORTABLE
GLACES

« Ne cédez pas sur votre désir »

« Bravo ! Tu as tout mangé... », s'extasiait une mère devant l'assiette vide de son enfant...

GÉRARD SÉVÉRIN. — ... et l'enfant ne savait plus s'il avait vidé son assiette parce qu'il avait faim ou parce que le plat était bon ou encore parce qu'il faisait plaisir à sa mère. Trop souvent les parents raptent ainsi à leur profit le désir ou l'envie de leur enfant. Peu à peu celui-ci apprend à faire sa vie selon le bon plaisir de son père ou de sa mère. Il ne fait plus attention à ses envies à lui ou à ce qu'il croit devoir faire. Il se conforme à ce qu'on attend de lui ou bien il imite les autres.

À ce sujet, il y a peu de jours, j'ai rencontré près de chez moi une voisine distinguée qui attendait que son toutou se soulage sur le trottoir. Passant près d'elle je lui ai dit avec un... grand sourire : « Vous auriez pu quand même mettre votre chien dans le caniveau ! » Mon élégante de se rebiffer : « ... quand on interdira aux gens de cracher par terre ! » Pourquoi imite-t-elle les autres ? Pourquoi les prend-elle pour modèles ? Petite fille, lui aurait-on ravi ses envies, cassé ses initiatives, pour qu'aujourd'hui elle doive s'abriter derrière la conduite ou l'inconduite des autres ?

Une femme me confiait, il y a quelque temps : « Je sens que je basculerais facilement dans la foi mais je me retiens : ma mère serait si contente ! Et puis elle me dirait que ce changement vient de ses prières et que c'est grâce à elle... Elle m'envahit toujours. » Ce que ressent sa mère est une chose ; la voie que cette femme a envie de choisir en est une autre. Que la mère se réjouisse de l'orientation nouvelle de sa fille, c'est son affaire.

Et pourquoi cette mère ne pourrait-elle pas dire sa joie ?

Si la fille se sent prisonnière c'est que la mère, depuis longtemps, ne lui a pas permis de penser par elle-même ni d'aimer différemment. Sa mère se croyait obligée de tout sanctionner par un « bravo » ou un « dommage ! »

Lacan a écrit quelque part : « Ne cédez pas sur votre désir. » Phrase qui en a incité beaucoup à se replier sur eux-mêmes et leurs caprices. En fait, ce psychanalyste voulait dire, d'après un de ses exégètes : ne cédez pas sur votre devoir (c'est-à-dire sur ce que vous croyez que vous avez à faire à moins de vous renier).

Me vient à l'esprit une histoire qui illustre mon propos. Martin Luther King, le Gandhi américain, avait organisé un meeting dans une immense salle de cinéma d'une ville aux USA. À un moment, il a fait éteindre toutes les lumières et tous les projecteurs de la salle. Tout le monde était dans le noir, dans la nuit, chacun était dans sa nuit. Il a alors allumé une bougie et tout le monde a vu cette petite flamme...

Allumez votre bougie, n'attendez pas votre voisin de droite, ne faites pas plaisir à votre voisin de gauche. En un mot, ne cédez pas sur votre désir, sur votre devoir.

Mystère de la personne

Gérard Sévérin. — Il y a peu de temps, je lisais une malédiction de Dieu dans l'Ancien Testament : « Maudit soit celui qui atteint les limites de son prochain. » Quelle sagesse dans ce verset ! Ne coincez pas l'autre dans ses retranchements. Ne le mettez pas au pied du mur : il perdrait la face, il ne resterait peut-être plus rien de lui. Il serait décapé, anéanti peut-être. Et après ?... Lui enlever ses attributs ? Ce avec quoi, par quoi il se présente ? Chacun a besoin de flou, de nébuleux, de mystérieux [1]. « Qui ne se grime pas ? » questionnait Rouault. Le doute, le soupçon font partie de notre identité. Nous ne pouvons pas être mis à plat, à nu.

C'est Rilke qui malgré son instabilité maladive ne voulait pas être psychanalysé car il aurait été, craignait-il, lavé, récuré et privé de la source qui le rendait inventif.

Et mon frère me disait : « Si tu m'enlèves mes trois ou quatre défauts, qui serais-je ? »

Un poète suédois [2] a bien imagé ce propos en narrant sa

1. Daniel Sibony, *Trois monothéismes*, Seuil, 1962, p. 199.
2. Gunnar Ekélof, cité in *Nouvelle Revue de psychanalyse*, n° 22, 1980, p. 37.

rencontre avec une icône de la Vierge. Il la dépouille car « tout attribut appartenant à cette Toute Sainte peut être enlevé ». Il lui ôte donc sa couronne et le voile qui recouvre ses cheveux et son cou. Il défait « les plis sur son sein droit et bien plus doucement les plis de son sein gauche où les douleurs convergent ». Puis, pourquoi pas ? il détache les bras, les mains, la ceinture, les cheveux, les joues et les yeux. Il en arrive ainsi au fond du tableau, il y gratte l'or et le vernis. Enfin apparaît la vieille planchette de bois « en olivier, taillée dans un arbre jadis ». Et voilà...

Chaque enveloppe peut être enlevée, chaque apparence expliquée, chaque bouclier mis à terre. Mais n'avons-nous pas tous besoin de garder notre part de mystère, de soupçon, d'inexpliqué ? Personne ne peut être déchiffré à fond. Si tel était l'idéal, il serait mortel. Combien de personnes n'ont-elles pas été démolies par des révélations sur elles-mêmes trop démaquillantes ? Des psychanalyses sauvages ? Des interprétations dévalorisantes ?

Chacun veut garder son jardin secret et ses joies intimes et ses expériences mystérieuses et ses luttes obscures. Cette richesse ou ces tourbillons ne sont par forcément à révéler sauf si l'on veut s'en démettre ou les distribuer et se mettre sur la paille. Certains en restent sur le sable.

Une femme me racontait : « Mon mari me critique toujours. Je suis à bout. Je ne peux plus être spontanée. Faire la vaisselle chez des amies ? C'est masochiste ! Envoyer des cartes de vœux ? C'est pour me faire bien voir ! Si je m'émerveille de la vie ? Il dit que je suis puérile ! » Ce mari dit son point de vue, peut-être même une part de vérité de sa femme, mais celle-ci peut-elle être réduite à des étiquettes ?

Un jeune adolescent se plaignait d'être poursuivi par les questions de sa mère sur ce qu'il ressentait quand il était avec son amie. Une cliente souffrait de la mise à nu qu'exigeait son confesseur à la pastorale d'une autre époque. Il est bien mauvais celui qui atteint l'autre dans ses limites, dit Dieu.

Devenir soi en jaillissant de désir, de pulsions est bien mystérieux. Personne ne peut être « saisi », « contenu », « compris ». Chacun est mystère, c'est-à-dire toujours à découvrir autrement.

La colère

« Nos voisins se disputent souvent. Plusieurs fois par semaine, ça crie, ça hurle, ça frappe, ça pleure, me racontait une amie. Mais il paraît que ce défoulement est... po-si-tif ! Comme la musique, la colère adoucit les mœurs ! C'est vrai que nos voisins s'aiment et roucoulent. »

GÉRARD SÉVÉRIN. — Il arrive, en effet, que ça se « déchaîne » : « Trop, c'est trop. » Et, bien vite, on est débordé. On sort de ses gonds. On est hors de soi : on pique une rage. Que vient-il de se passer ?

Il arrive un moment où ça déborde : trop d'oublis, trop d'indifférence, trop de moqueries, trop de mensonges. Ça me dépasse. Pourquoi ? C'est parce que, tout au fond de moi, je me sens déstabilisé par ce trop de mépris, cette désinvolture, cette infidélité ou cette critique. Le dédain de mon interlocuteur ou ses reproches viennent empiéter sur mon territoire et même lézarder ma sécurité [1]. Ou c'est moi ou c'est lui qui a raison.

Certains se taisent : ils attendent d'être compris plutôt

1. C'est souvent imaginaire.

que de se faire comprendre. D'autres réagissent : ils hurlent leur peine, ils crient leur amour... C'est ainsi que nous clamons que notre existence est valeureuse à nos yeux, c'est ainsi que nous affirmons ce en quoi nous croyons et que l'autre veut remettre en question.

Réagir permet de mettre les pendules à l'heure, de montrer que nous sommes consistants, que nous existons, qu'il faut tenir compte de nous et ne pas nous oublier. Certains, plus fragiles, en arrivent bien vite, il est vrai, à des cris, des injures, voire des coups. Mais un petit conflit de temps en temps souligne le dialogue et proclame notre désir. Un coup de poing sur la table peut clarifier des malentendus. Une colère peut redistribuer les cartes et indiquer qui a l'autorité pour restaurer l'ordre du journal, de l'entreprise ou de la famille. Etc.

Parfois aussi nous avons remarqué qu'un simple mot, une allusion ou une petite observation peut nous rendre irascible, voire nous mettre hors de nous. « Quand vous m'avez dit " Pourquoi ", ça m'a mis hors de moi. " Pourquoi ? " Je croyais entendre mon père », me disait un patient. C'est qu'une parole peut toucher mon inconscient et réveiller des envies, des angoisses ou des colères que j'avais refoulées et muselées.

Les discussions politiques ou religieuses en sont la démonstration. On s'y dispute souvent car tout en parlant avec véhémence de la Patrie ou de Dieu, on parle d'autre chose qui est dans notre inconscient. Car ni Dieu ni la Patrie n'ont besoin de combattants derrière un verre de pastis. En ces échanges, chacun accuse l'autre et veut avoir non pas la vérité mais le dernier mot pour être sûr de la victoire et de ne pas avoir à évoluer. C'est sur le dos de l'autre que nous nous donnons bonne conscience.

On peut aussi garder le silence pour éviter des explosions...

Pour préserver ma tranquillité ou arrêter le flot de remontrances qui monteraient du tréfonds de moi et m'entraîneraient vers un autre horizon ? « Je ferais alors un règlement de comptes, me disait une femme, et je suis sûre que mon mari m'en voudrait. » C'est pourquoi, sans doute, la sagesse populaire demande de « tourner la langue sept fois dans la bouche avant de parler », mais cette femme, en se taisant, en ne disant pas son exaspération, se détachait, se coupait de son mari, vivant une tranquillité illusoire.

Quand chacun fait un bout de chemin pour reconnaître ses excès, il devient ainsi plus libre, il se met plus au large. C'est ainsi qu'après un orage, nous pouvons à nouveau nous rencontrer sans nous venger.

Tu vis simplement une tension entre deux univers. La période œdipienne que tu traverses, même si tu as du mal à l'exprimer, prend une signification qui dépasse les tendances de ta sexualité naissante, et qui plonge bien au-delà dans le destin de cette *relation* entre ton être et le monde qui est l'essentiel de cette existence: tu vis le conflit de la *relation* du *Moi* avec l'*Univers*. Entre moi, ta mère, et ton père, figures maternelle et paternelle, se joue le conflit entre deux mondes: monde infantile du refuge et de la sécurité d'un côté, habituellement celui de la mère, monde extérieur, attirant et inquiétant d'autre part, généralement celui du père(*)...
(*)*Tu retrouves là toute la gamme d'archétypes décrits par Jung et beaucoup d'autres!*
PFFFT!!

Silence

GÉRARD SÉVÉRIN. — Et si l'on faisait plus souvent silence ! Bien sûr qu'il faut parler à l'enfant, au conjoint, au voisin. Dire nos sentiments, nos remarques, mettre des mots sur les événements que nous vivons, humanise notre vie. Je pense aux « nouvelles mamans » qui dévident des tombereaux de mots au-dessus du berceau sans jamais contempler qui s'y trouve et qui disent, répètent et rabâchent à leur petit : « Ça c'est un cube, ça c'est un cube, un cube rouge... », et qui enfoncent bien dans le crâne de leur bébé ce qui, croient-elles, en fera un savant. Le bébé n'a plus qu'à quitter le berceau pour trouver refuge ailleurs et se retrouver.

Vous savez aussi que le même phénomène peut se produire dans les couples. Il y a des bavards, peut-être angoissés, qui inondent l'entourage. Il est des femmes qui exigent que leur mari leur dise des « Je t'aime ». Il est des hommes qui veulent un compte rendu détaillé de la journée à leur retour le soir. Et des parents qui répètent toujours à leur enfant de bien travailler et des « Qu'est-ce que tu as fait aujourd'hui ? »

En fait, sans un mot, il y a des attitudes « parlantes », des regards qui ne trompent pas, des intonations qui en disent long... Autrement dit, tout n'est pas dans le verbe. Un bouquet de fleurs, même offert gauchement, peut dire un amour. Un sourire peut demander pardon. Un regard peut fusiller. « Malheur à ceux qui n'ont pas connu le silence ! Le silence est un peu de ciel qui descend vers l'homme[1]. »

Ces gestes peuvent être hypocrites et dissimuler des sentiments trompeurs.

C'est sûr aussi que nous pouvons parfois mal interpréter les attitudes des autres. Notre intuition peut n'être que de l'imagination. C'est pourquoi nous avons besoin souvent de mots qui viennent dire le sens de nos silences et de nos gestes.

Mais nous avons besoin aussi de silence pour que se révèlent nos sentiments, surtout quand ils sont intenses. Larmes, embrassements, cadeaux ne sont-ils pas des signes, des allégories de ce que nous avons à dire et que nous ne pouvons pas toujours exprimer !

Il est des parents qui se désolent parce qu'ils ne savent pas comment dire en paroles leurs sentiments profonds.

Qu'ils les disent donc... en silence avec des gestes. Les enfants « sentent » l'amour silencieux qui les entoure. Je pense à cette jeune fille tout émue à la pensée que son père, la veille de sa mort (il était mort d'un accident de voiture), lui avait confectionné, la nuit, un vêtement, en silence, sans rien lui dire.

1. E. Psichari *Le Voyage du Centurion, les voix qui crient dans le désert, 1910-1912,* Aujourd'hui, 1984.

En effet, nous ne communiquons pas seulement avec des mots ni même par des gestes. Les inconscients communiquent entre eux. Je le redis, nous envoyons aux autres, sans même le savoir souvent, des messages qu'ils captent sans y prêter toujours attention. Si nous y étions vigilants, nous développerions un autre sens trop souvent endormi : l'intuition.

IV.
COUPLE ET COUPLES

La femme et l'homme

GÉRARD SÉVÉRIN. — Dans la littérature et dans la vie quotidienne jusque vers les années 60, la femme apparaît comme vierge, épouse, mère, maîtresse, servante... Voici les modèles traditionnels de la femme qui se définissent toujours par rapport à l'homme. Ainsi la vierge est celle qui n'a pas d'homme, par contre l'épouse est celle qui a un homme. Elle devient mère par l'homme, etc. L'homme est son seigneur et maître.

Mais la plus spécifique, la plus caractéristique de ces fonctions est celle de mère.

Dans cette charge la femme traditionnelle se réalise pleinement. Pourquoi ? Parce qu'en étant mère elle est vraiment du côté de la Nature, comme l'a noté France Quéré. De fait, comme la terre, elle reçoit la graine, la petite graine, la pluie, et elle donne la vie. Peu importe son plaisir : elle doit procréer. Demande-t-on à la terre ce qui lui fait plaisir ? On l'insémine, on l'engraisse, on la nourrit. C'est cela qui doit être son plaisir : donner du fruit. Elle est faite pour cela. C'est sa physiologie. C'est ainsi que la femme, dit-on, s'accomplit pleinement. C'est naturel. C'est sa nature.

Je schématise, car mettre au monde, ce n'est pas aussi « naturel » qu'on le dit. En effet, ce n'est pas mettre bas. C'est un acte humain, ni tout à fait naturel ni animal. Cet événement est entouré de mille sentiments, mille projets qui se disent par des gestes et par des paroles : prescriptions médicales, choix du prénom, exercices de gymnastique, relaxation, rites, etc., préparation psychique, morale, économique. C'est vous dire que la Culture a fait son entrée... dans la Nature. Mais qui y a introduit la Culture ? Nous le verrons bientôt.

La femme donc est du côté de la Nature avec la gestation, la mise au monde d'un fruit.

Mais la femme ne s'arrête pas là ! Elle fait peur aussi car, comme la Nature, elle a un rapport avec la mort. Ne meton pas, en certaines régions ou à certaines époques, le mort en position de fœtus dans les tombes ? La mort, en effet, est le seuil d'une autre vie. La mise en terre représente la mise en gestation d'une nouvelle vie, comme dans le ventre de la femme.

La femme est aussi traditionnellement, et encore aujourd'hui, celle qui dans l'imagination de l'homme peut entraîner vers une déchéance morale...

La « femme-femme » est assimilée, en effet, à la concupiscence, elle a le diable au corps. Les affiches et les magazines pornographiques d'aujourd'hui semblent continuer à nous la présenter comme dans la Genèse : elle est le fruit défendu, celle par qui arrive le péché dans le laisser-aller.

On peut remarquer de plus que la femme, comme la Nature, a ses saisons, ses périodes, ses cycles. La femme est proche du temps. Dans la famille, c'est souvent elle le calendrier des fêtes, des anniversaires, des événements. C'est elle aussi qui cuisine selon les saisons.

Elle est en rapport avec la Nature. A elle, « les tâches d'immanence », comme l'écrivait Simone de Beauvoir, qui ont trait à l'eau, à la cuisine des aliments, à la couture, à la lessive, etc.

Que reste-t-il à l'homme ?

Tout le reste ! Si la femme, c'est la Nature, l'homme sera la Culture, comme l'a si bien analysé France Quéré.

Que va-t-il faire ? À lui la Culture matérielle et la Culture intellectuelle. Il va ouvrir cette terre et y jeter sa graine : il va faire de la culture. Il va fabriquer des outils. Il va défendre son territoire et ses femmes avec ses armes. Puis il va organiser son bien avec ses voisins : pour cela, il va édicter des lois. Il sera ainsi prince, prêtre ou guerrier, selon la « trinité » de l'anthropologue Dumézil, trinité que l'on retrouve partout dans les sociétés primitives.

Allons vite. Aujourd'hui la femme fait, elle aussi, son entrée dans la Culture et nous n'avons pas fini d'en mesurer les conséquences...

L'école primaire est devenue obligatoire. Puis c'est l'extension de l'enseignement secondaire d'État aux jeunes filles. La femme se met à étudier pour instruire ses enfants, puis bientôt elle va étudier pour être elle-même, pour apprendre un métier afin de devenir autonome pécuniairement et se réaliser.

L'avènement de la femme dans la Culture se concrétise dans tous les domaines. Le grand pas qu'elle vient de franchir se situe dans la maîtrise de la procréation. Pilule, diaphragme, etc., vont contre la nature : on introduit de l'artificiel. Tout comme les hommes érigent des barrages sur les cours d'eau pour produire des forces motrices, donc de l'artificiel, de même le diaphragme ou la pilule font barrage pour porter fruits de plaisir sans fruit charnel. De plus, la femme devient ainsi davantage maîtresse de son corps et gérante de sa procréation.

Et on en arrive à l'unisexe des années 68, où il n'y a plus de différence (symbolique) entre l'habillement d'une femme et celui d'un homme.

Et depuis vingt ans, la femme prend du pouvoir, un pouvoir social. Certes, depuis la Révolution française, elle était citoyenne égale à l'homme. Mais tous ses pouvoirs lui avaient été confisqués dans la pratique quotidienne. Il a fallu attendre la deuxième partie de notre siècle pour

qu'elle puisse signer ses chèques, voter, être maire de sa ville, devenir ministre, premier ministre et même chef d'État. Aucune hiérarchie ne lui est maintenant fermée sauf celle des communautés orthodoxe, catholique et islamique, enfin pour le moment. Car l'avènement de la femme continue et continuera.

Pourquoi ce soupçon des hiérarchies ecclésiastiques par rapport à la femme et ces réticences des appareils politiques ?

Je le redis, je ne me place pas face à la théologie ou face à la Tradition. Je me place en tant que psychanalyste.

Quand nous lisons les écrits des Pères de l'Église, des théologiens, des mystiques, nous sommes frappés par leur défiance du plaisir, que dis-je, leur condamnation du plaisir sexuel. Pourquoi le christianisme a-t-il si bien repris le flambeau de Platon, de la gnose et des stoïciens ? Pourquoi est-il parti en guerre contre le plaisir et contre la femme ? Il en est de même pour l'islam, le judaïsme, les partis politiques.

On part en guerre contre le plaisir parce que le plaisir fait peur. Et il fait d'autant plus peur qu'il ne sert à rien [1]. Tout comme la souffrance d'ailleurs, mais à celle-ci on a trouvé un sens, elle ne sert donc pas à rien : elle rachète les péchés, elle sert d'épreuve pour grandir, d'ascèse pour s'épurer et se rapprocher de Dieu. N'empêche que maintenant qu'il y a de l'aspirine, on prend de l'aspirine plutôt que de souffrir, ou bien on enlève l'appendice malade, on prescrit la pénicilline. Autrement dit, quand on ne trouve pas de sens, je le redis, c'est le drame : il faut

1. Serge Leclaire, *Démasquer le réel,* Seuil, 1971.

donner un sens, un but, sinon c'est le non-sens. Cela ne semble pas humain, c'est donc animal. Il faut endiguer cette Nature. Oui, quand le sens se dérobe, quand on est hors de soi, quand on ne peut contenir le plaisir ou le sentiment ni lui assigner un but, il fait peur. Vite, il faut l'endiguer ou le rejeter.

Prenez, par exemple, le plaisir de boire. Ce plaisir n'est pas bon pour la santé. Il ne sert à rien, si ce n'est au plaisir précisément. De là à penser que ce qui n'est pas bon pour la santé est mauvais en soi, voire source de péchés, il n'y a qu'un pas qu'on ne se prive pas de franchir hâtivement souvent. L'usage immodéré bien sûr, c'est-à-dire l'usage tout court des plaisirs, est anormal, asocial, amystique.

C'est pourquoi on essaie souvent de rattacher le plaisir à quelque chose de productif ou d'important pour le corps organique ou social. Longtemps le plaisir dans l'acte sexuel, quand il n'était pas banni, n'avait de sens que par la procréation. Mais le plaisir pour le plaisir, ça n'a pas de sens. C'est donc à évincer ou à tenter d'évincer car si cela n'a pas de sens, ça détruit. Si le plaisir ne tend pas à rendre plus cohérente la vie, à maintenir en bonne santé, c'est que c'est mal.

L'acte gratuit lui-même est difficile à accepter : traverser l'océan à la rame ou à la nage est délirant pour beaucoup. Car nous sommes ainsi faits qu'il nous faut donner du sens à tout. C'est pourquoi on finira toujours par assigner un but au plaisir sinon ce sera un mauvais plaisir.

Et ce serait une menace de ruine !

Vous comprenez donc que la femme, cette force de la nature, qui peut donner à l'homme du plaisir, et du plaisir pour le plaisir, est à écarter. Avec elle, ça ne « collerait » plus. Regardez en politique, aujourd'hui : les femmes d'un âge certain rassurent... Les plus jeunes font peur : elles sont attirantes. Les hommes d'appareil veulent garder cohérence et pouvoir et évincent les femmes qui viendraient leur tourner la tête, y mettre de la liberté, de la fluidité, de la séduction.

Si l'on veut garder le pouvoir, il faut avoir la maîtrise sur ce qui fait jouir : sexe ou argent.

Comme l'écrit le philosophe Lipovetsky dans *L'Ère du vide*, la femme-femme devient pour l'homme une partenaire menaçante, intimidante et génératrice d'angoisse. Dans ce contexte, vous comprenez que l'homme nourrisse un recul ou même une haine contre la femme. (Voyez la fréquence des viols et des agressions dans les films actuels.)

Pour garder la cohérence des institutions et le pouvoir, les hommes éloignent donc la femme ou la contiennent dans des tâches subalternes tout en la parant d'un pantalon.

La femme passe de plus en plus de la Nature à la Culture : chirurgienne, avocate, pilote. La femme donc, bientôt assagie, masculinisée et unisexe, aura sa place de prêtre ou même d'évêque ! Mais sera-t-elle encore femme ?

Comme un homme

« Voilà mon drame, me disait une femme (elle s'occupe d'organisation, de management comme on dit maintenant, dans une multinationale), il me faudrait travailler comme si j'étais un homme. Pourquoi ne pourrais-je pas travailler en femme ? Pas en tigresse, mais en femme ! »

GÉRARD SÉVÉRIN. — Beaucoup de femmes, en effet, se posent cette question : « Pourquoi travailler comme un homme ? »

Pourtant, dès leur jeune âge, les garçons et les filles sont différents. On le constate dès leur arrivée dans les crèches ou les écoles maternelles. Les garçons se bagarrent. Ils cherchent à occuper le plus d'espace possible. Les filles, par contre, organisent leur coin-poupées. Elles le décorent de fleurs. Oui, garçons et filles ne sont pas semblables. Pourquoi vouloir gommer leurs particularités ? Pourquoi ne pas les éduquer avec ce qui les caractérise, au lieu d'essayer de fabriquer de l'unisexe ?

On est (naît) fille et on le devient. On est (naît) garçon et on le devient.

Très tôt la fille a le sens des cycles et des dates. Le garçon est plus tendu vers demain, vers la production et la consommation. La fille se prépare à vivre avec ce qui naît, pousse, s'épanouit, meurt. Plus proche de la vie et des saisons, elle saura donner le rythme de la durée. Elle saura faire sentir l'importance du détail, la nostalgie d'hier, l'allégresse d'une rencontre. En un mot, la présence. Tout cela n'est-il pas inconnu aujourd'hui dans le monde du travail ?

Et pourtant, un homme responsable d'un important service de presse me confiait : « Hier, la plus féministe, la plus sexiste de mes employées est venue me demander de partir plus tôt : elle était " indisposée ". » Ces différences pourraient être prises en compte : une femme ne travaille pas comme un homme.

Bien vite, certains diront : « On va encore enfermer la femme à la maison pour y faire de la présence pour les enfants ! Et même, dès l'école maternelle, on va éduquer les filles à s'occuper des casseroles ! » Pourquoi ce dilemme ? C'est une chose de travailler comme un homme, c'en est une autre de s'ancrer à la cuisine.

La fusée américaine Challenger avait à son bord des astronautes hommes et une astronaute femme. Tous s'étaient préparés à ce vol. Ils avaient tous fait les mêmes exercices en apesanteur, subi le même entraînement. Mais les hommes allaient mener des expériences qui apporteraient entre autres choses plus de richesses à des laboratoires pharmaceutiques. La femme allait, de là-haut, être présente à des millions d'écoliers américains en leur faisant… la classe !

Travail subalterne, dira-t-on. Travail de second ordre. L'important, répétera-t-on, c'est la conquête, c'est la richesse.

Est-ce si sûr ? Ainsi, quand le cultivateur apportait le blé, c'était sa femme qui le transformait en pain. Autrement dit, l'homme apporte la matière, la femme la métamorphose.

Ce rappel ne veut pas dire qu'il nous faille retourner à ces sociétés ancestrales. Cet exemple tente de nous faire comprendre la place de l'homme et la place de la femme face au travail. Faire du pain n'est pas un travail de second ordre.

Ainsi la femme qui s'occupe de management dans la multinationale de tout à l'heure n'organise pas le travail comme un homme. Elle y met sa féminité : elle est présente personnellement à ses ingénieurs. Elle dit la vérité. Elle s'absente quand elle est souffrante et le dit. Chose surprenante dans cette atmosphère de béton, d'acier et de rendement. Elle crée ainsi une autre atmosphère. Elle devient ainsi très efficace (c'est d'ailleurs pour cela qu'on la garde !), mais en femme.

Homme et femme ne sont-ils pas, ensemble, nécessaires ? L'un avec l'autre, ils sont indispensables pour mener à bien une même tâche. L'homme conquiert et organise. La femme n'est-elle pas celle qui mue la conquête de l'homme en relation, en attentions, en présence ?

Pour ce faire, on apprendra aux garçons à développer leur côté féminin. On leur enseignera, dès le lycée, à pouponner, par exemple, à admirer un bouquet, à se permettre de pleurer. On pourra apprendre aux filles à épanouir leur penchant masculin et à vouloir gagner leurs matchs. Cela pour que l'homme n'écrase pas la femme et pour que la femme ne veuille pas « faire comme » l'homme.

TU COMPRENDS... ON EST TROP HEUREUX ENSEMBLE... LE JOUR OÙ ÇA VA RETOMBER, ÇA VA FAIRE TROP MAL !!.. AUTANT ARRÊTER TOUT DE SUITE !
?!

L'engagement

« Que serais-je sans toi ? » se disent les amoureux, les yeux dans les yeux...

GÉRARD SÉVÉRIN. — ... Ils veulent alors s'épouser en un seul bonheur d'agir et d'être. Regards, sens, cœurs, avenirs se mêlent et s'absorbent et rêvent d'éternité.

Ils veulent « faire l'amour » qui sera un amour à faire. Unique. Fidèle. De plus en plus la fidélité redevient une valeur chez les jeunes. Fidèles, chaque jour, pour le meilleur et pour le pire. Il faudra se battre pour faire... l'Amour. Pour bâtir son amour.

La passion se nourrit de rêves. L'amour se nourrit des réalités de chaque jour.

Mais dans le mariage ou dans le compagnonnage, chacun s'engage pour un long temps ou pour la vie, surtout quand arrivent des enfants. Qu'est-ce que s'engager ?

Quand, à la naissance, l'enfant s'engage, il va sortir de sa mère pour la vie. Il ne peut plus revenir en arrière. Quand s'engage une partie de foot, on ne peut pas faire qu'elle ne soit pas engagée. C'est parti... pour une heure et demie !

Quand on s'engage dans l'armée (« engagez-vous, rengagez-vous »), on est enrôlé pour un certain temps. Quand on engage une conversation, ce peut être une aventure : on ne sait pas ce qui va être dit. Et que dire de ceux qui s'engagent dans le mariage ou en religion ?

L'engagement est un risque !

C'est sûr : un joueur peut être blessé et mis sur la touche, un militaire envoyé à la guerre, un enfant peut mourir en naissant. Et que sait-on d'une phrase tant qu'elle n'est pas terminée ? De même d'une vie à deux « pour le meilleur et pour le pire » ?

C'est chargé d'incertitudes.

Devant les incertitudes de la vie personnelle, il a bien fallu organiser les engagements, les promesses. On a donc établi des contrats, des pactes, des serments, des vœux. On jure sur la Bible. On donne sa parole d'honneur. On signe des registres. On promet un cierge ou un ex-voto... Ça aide. Ce sont des rappels, des garde-fous. Eh oui, nous sommes ainsi faits que nous avons besoin d'une médiation : il nous faut des images. Nos yeux et notre sensibilité ont besoin de choses palpables pour nous rappeler notre engagement.

En politique ou en économie aussi ?

Les traités, les contrats, les protocoles sont indispensables. Comme il est nécessaire aussi d'avoir du temps et donc des assurances pour entreprendre une action ou pour investir des fonds importants, un appareil juridique est indispensable. Il faut des lois et des moyens pour faire respecter ces lois… sinon il n'y aurait plus de morale ! Et la morale est indispensable pour que la société ait une stabilité et aussi… pour que ceux qui ont le pouvoir gardent le pouvoir.

Mais pourquoi prendre tant de précautions pour nos engagements ? Le compagnonnage, le mariage ne sont quand même pas de la politique : on s'aime. La base, n'est-ce pas le sentiment amoureux ?

C'est parce que nous avons un inconscient et que cet inconscient, personne ne peut le maîtriser ou encore parce que, à certains moments, personne n'a envie de le canaliser. L'attirance d'un autre, le miroitement d'une autre peuvent séduire. Un grouillement de pulsions travaille en notre cave. Des éruptions peuvent jaillir à tout moment. Les lois sont faites pour colmater fissures et lézardes ou endiguer les explosions. Cérémonies et contrats de mariage, inaugurations et rites servent en partie à cela ! Le désir ne peut se consommer à la carte : quand on veut, comme on veut. Non, il est têtu ! Les élans et les flammes peuvent ravager n'importe quel édifice. Les lois sont des pare-feux qui contiennent nos passions et tentent d'y mettre de l'ordre. Pour un temps. Car la vie change. Les passions évoluent, les valeurs aussi. Les centres d'intérêt se déplacent. C'est pourquoi les engagements et les traités sont révisables. D'un commun accord, on les renégocie.

Et le mariage ?

Comme je viens de le dire, dans le mariage, il en est de même, on s'engage devant monsieur le maire, devant monsieur le curé. On s'engage aussi corps et âme vis-à-vis du partenaire, signe que l'on fait un choix et que l'on endosse certaines responsabilités.

Ici se font jour deux attitudes — je simplifie !

Il y a ceux qui s'en tiennent au juridique : oui c'est oui, définitivement. Un point, c'est tout. On n'a pas le droit à l'erreur. Ils s'arc-boutent sur la loi. Il y a ceux qui n'ignorent pas l'inconscient de l'homme et qui essaient de gérer leurs passions humaines. Au jour le jour, ils essaient de « faire » l'amour. Mais personne ne peut nier qu'il y a des couples qui sont naufragés, chez qui n'existe aucune relation vraie sauf alimentaire ou peut-être d'habitude. Couples qui n'ont plus de sens, qui ne sont plus signes d'amour ou de vie spirituelle, du moins consciemment, qui ne produisent autour d'eux ni paix ni joie. Ils sont plutôt signes de divisions que d'union. Certains couples sont des divorcés qui vivent ensemble. (Je ne parle pas des difficultés momentanées qui donnent un coup de froid aux relations entre époux.) Ils étaient partis joyeux mais ils s'étaient trompés. Ou bien, ils ont tellement changé l'un sans l'autre que l'on pourrait dire qu'ils se sont « démariés » au fil des ans. Hélas, les pulsions, les fantasmes, la santé psychologique, en un mot ce qui est non seulement de notre conscient mais aussi de notre inconscient, se dérobe à notre maîtrise. Une part de nous-même nous échappe, elle nous est in-consciente et pourtant elle nous influence. Elle nous entraîne.

Devant cela, il faut gérer l'engagement, je le redis, ou bien selon le juridique, ou bien selon notre réalité humaine. C'est dire aussi que nous ne pouvons pas promettre d'aimer toute notre vie. C'est de l'élémentaire psychologie. Aller là contre n'est pas humain, c'est téméraire, présomptueux ou religieux.

Ce que nous pourrons peut-être promettre, c'est d'essayer de devenir une seule chair : c'est-à-dire d'être indissolublement liés en l'enfant que nous ferons. Le père et la mère, comme je l'ai dit, sont unis indissolublement dans leur enfant.

Certains diront : « Faites confiance en Dieu. Dieu est Amour. » Certainement. Mais que sait-on du désir de Dieu sur tel couple ? Dieu est Amour ? Oui. Mais nous ne pouvons pas promettre ce qu'il fera ou ne fera pas ou ce qui se passera dans le psychisme, la vie et le cœur de chacun.

Les chrétiens disent : « Ceux que Dieu a unis, que l'homme ne les sépare pas. »

Et Françoise Dolto écrivait : « Ceux que Dieu a unis, qui le sait ? Les conjoints le savent-ils eux-mêmes dans l'intimité et de leur cœur et de leur maison et de leur chambre à coucher ? Vous le savez, les humains ont un sentiment de péché quand ils vont contre les lois des hommes qui sont des lois de conservation et de stabilité. [...] Qui peut savoir si ceux que Dieu unit sont toujours les conjoints qu'unit aux yeux des hommes la loi du mariage ? [...] la procréation elle-même, preuve de consommation du mariage, peut n'être aucunement preuve d'un mariage mais seulement d'accouplement fécond[1]. »

S'il faut des lois pour nous structurer, peuples et individus, chacun tâtonne. Le chemin est unique pour chacun d'entre nous. Et notre désir nous est individuel.

Mais quelle est la vraie raison d'un engagement ferme ?

1. *L'Évangile au risque de la psychanalyse*, tome 2, p. 99.

C'est que notre être psychologique a besoin de stabilité pour mûrir, de continuité pour venir à maturité, cela pour communiquer, pour avoir une relation interpsychique qui fait que l'on s'épouse, que l'on fait alliance. Nous avons besoin de temps pour être quelqu'un à deux.

Tout d'abord parce que, passé la lune de miel, il faut du temps pour faire connaissance, ajuster les caractères, se remettre des déceptions, découvrir ce qui fait plaisir à chacun. Accepter aussi les limites de l'autre n'est pas facile. Il faut du temps aussi pour se réconcilier, voire pardonner. Mais si c'est le sentiment qui est la référence, alors tout se disloque à la moindre variation.

De plus l'engagement conjugal et la fidélité sont enjeux importants car ils mettent en cause la joie, le bonheur de l'autre et même son équilibre dans le couple et l'équilibre des enfants dont on est responsable. Il y a quelque temps, le mariage était fondé sur la famille. Maintenant, on le fonde sur le sentiment ou même sur les sensations. On confond être amoureux et aimer. On confond même amour et sexe. Les lois nous rappellent alors ce que nous avons promis ou ce que notre laisser-aller nous ferait oublier. Elles nous rappellent le sens que nous avons donné à notre vie sexuelle et amoureuse. Car nous avons besoin de sens pour vivre en humains.

En effet, sans foi, sans horizon, sans direction, à quoi bon s'engager à être fidèle ? Si c'est la pulsion du moment qui commande, si c'est la spontanéité qui entraîne, et l'instinct qui exige, sans loi, sans garde-fou, nous papillonnons au gré du plaisir du moment, sans souci de l'autre. Ce peut être un choix, ou pour certains, l'impossibilité de faire autrement. Si donc le choix est de vivre en couple, il faut du temps pour s'épouser. Il faut du temps si l'on ne fonde pas sa vie sur la pulsion du moment pour, je le répète, devenir « je » et faire un « nous » conjugal, et cela pas forcément dans le mariage. Certains couples ont institué entre eux une loi non écrite, non dite peut-être. Ils ont quand même une discipline de couple.

Pour vous, donc, il faut des lois, des garde-fous une discipline...

Comme je l'ai dit, sans lois, sans interdits, on ne peut pas construire de relations, pas d'humanité. Sans discipline, nous sommes « animal ». Si nous ne vivons que selon nos pulsions, nous ne ferons jamais une œuvre d'art. Comme le disait un adolescent : « Si tu baises toujours, tu ne feras jamais de musique. » Tout ce que nous faisons est soumis à une loi, à une organisation à moins de vivre seul dans le désert. Mais si nous vivons avec quelqu'un ce n'est pas possible de vivre sans code, sans règlement. Quand on vit avec quelqu'un, il y a des choses qu'on ne peut plus faire, qu'on ne peut plus taire. Il nous faut tenir compte de l'autre. « Je ne peux plus mettre ma chaîne à plein quand notre enfant dort », me disait une jeune maman. « Je ne peux pas regarder la télé quand ma femme prépare le repas du soir, je mets la table, je l'aide comme je peux. » Etc.

Imaginez que vous êtes en plein désert, seul. Quelle liberté ! Je peux aller à droite, à gauche. Aucun poteau indicateur ne me fixe une direction. Je peux faire n'importe quoi : ça ne porte pas à conséquence... Mais, peu à peu, vivre ainsi dans l'inutilité, sans direction ni sens à ma vie, va devenir peut-être sans goût, fade. Ma solitude risque de me peser et mon état de girouette de m'ennuyer. Mais si quelqu'un arrive dans ma vie du désert, tout change : je ne peux pas boire seul s'il a soif, sinon je suis un « animal ». Je ne peux pas le laisser seul en plein soleil, je vais devoir lui faire une place à l'ombre de mon arbre. S'il me pose une question, je vais lui répondre ou y réfléchir. Je commence à partager. Je deviens humain. Ma vie prend sens. En m'interdisant de faire n'importe quoi, je deviens un humain : je vis avec quelqu'un que je reconnais comme sujet. L'interdit me civilise, me donne une culture humaine pour me faire entrer en communication avec l'autre en tant que sujet : « tu ». C'est donc l'interdit, c'est la loi qui donne accès à une communication avec l'autre qui parle et pour cela il faut du temps, un long temps qui suppose que l'on s'engage.

En résumé, la fidélité n'est pas prérogative animale mais réussite humaine. L'homme n'est pas monogame. Des milliards de spermatozoïdes cherchent à se déverser comme chez tout animal. Aimer dans le quotidien et le continuer est bien difficile, à moins de confondre aimer et suivre ses pulsions forcément changeantes. La fidélité est « inhumaine » et pourtant c'est ce qui rend humain.

La fidélité

Allons plus loin sur ce sujet, d'autant d'ailleurs que de moins en moins de couples, aujourd'hui, se marient. « Tous les couples que je connais sont des couples qui ont déjà divorcé », me disait une jeune fille. Tous ! La fidélité ? Aujourd'hui, ça ne tient plus debout. Du reste, est-ce que cela a déjà existé ?

GÉRARD SÉVÉRIN. — Et un homme me lançait : « Quand ça ne va plus, on se sépare. » L'amour qui rime si souvent avec toujours existe-t-il, en effet ? Et la fidélité ? Chacun a son point de vue.

Pour certains, il faut d'abord être fidèle à soi. C'est indispensable. Ce n'est pas en abdiquant notre personnalité, en abandonnant les valeurs qui structurent notre vie que nous allons mieux rencontrer l'autre. Le compagnon ne rencontrerait plus personne mais seulement une comédie ou une hypocrisie. Cela n'empêche pas d'évoluer car on change à deux, l'un par l'autre et l'un pour l'autre.

Pour d'autres, il faut être fidèle au couple. Le couple, c'est comme un être, une personne, une fin en soi. « Le couple est plus important que moi », disent-ils. D'autres sont fidèles au progrès, à leur changement de vie, à leur

évolution personnelle. Mais aussi aux ordinateurs, aux placements en Bourse...

Pour d'autres encore, il y a lieu d'être fidèle à ses sentiments. L'important est alors de ressentir des émotions, de se sentir amoureux, épris, passionné, sensuel... Si les sentiments changent, on change de partenaire. L'épaisseur de la fidélité varie alors selon les oscillations de ses sentiments. Si la sensation de l'amour devient absente, le symbole de l'union est, pour eux, caduque, la fidélité un non-sens, etc.

Arrivent forcément les difficultés. Avec deux désirs parfois si différents, on n'arrive pas toujours à faire un compromis. L'infidélité est tentante.

L'infidélité est l'envers de la fidélité. Si la nuit n'existait pas, comment pourrions-nous connaître le jour ? Ce qui donne poids et valeur à la vie, ce qui la rend si précieuse, n'est-ce pas, en fin de compte, la mort toujours possible, toujours présente ? Pour l'homme, l'infidélité possible est comme une petite fenêtre de liberté possible, même imaginaire. Pour la femme aujourd'hui, l'infidélité possible lui permet de se prouver qu'elle est autonome et non plus circonscrite à un homme ou, comme l'était sa mère, délimitée par la maternité, les soucis ménagers ou même les besoins pécuniaires. L'infidélité possible — je ne dis pas celle qui est réalisée et qui est comme un accident, ou une mort, ou une nuit, ou la continuation de l'enfance ou de l'adolescence —, l'infidélité possible, donc, donne poids et valeur à la fidélité. L'autre, enjeu d'un tel combat, devient plus cher, plus précieux, sauf si la bataille exaspère et fait surgir du ressentiment.

Et alors, devant les échecs ?

Il existe deux attitudes, me semble-t-il.

La première est la rupture. On se sépare. Le malheur est trop déchirant. On espérait vivre heureux à deux et voilà un(e) troisième. C'est insupportable, surtout quand la liaison de l'autre s'installe et n'en finit pas de trouver une issue.

Quand on part joyeux pour la lune de miel, le monde vous appartient : tous les hommes du monde sont à vous en votre homme, toutes les femmes de l'univers sont entre vos mains en la femme que vous serrez dans vos bras. Tous les plaisirs, toutes les joies vous inondent. Rien ne vous manque. Qui ne serait d'accord pour être fidèle à « ça ». Mais, au fil des mois ou des années, le mari se révèle limité, trop réduit, la femme apparaît mesquine... Alors, « l'herbe du pré voisin devient plus verte ». Quand l'épreuve de la pénurie arrive, tout casse. Ils avaient misé sur l'abondance, le comblement. Ils n'osent ou ne peuvent vivre la détresse d'un temps.

La seconde attitude est de vivre en sachant qu'être fidèle, c'est avoir une attitude vivante, une dynamique. C'est une démarche toujours à renouveler car un couple, ce n'est pas la fusion. Il faut une distance. Pour se joindre, pour devenir conjoints, pour rejoindre l'autre, il ne faut pas être à la même place. C'est alors que l'on pourra s'attacher. Et comme nous sommes des êtres insuffisants et défaillants, nous avons des ratages en vivant cette distance, des trahisons peut-être, mais des retours. N'est-ce pas l'histoire de la Bible qui est la narration des scènes de ménage entre Dieu et Israël ? C'est aussi l'histoire d'une fidélité qui traverse les blessures de la trahison. La fidélité, c'est une ré-orientation continuelle.

Mais au fait, à qui, à quoi être fidèle ?

Cette question lancinante montre bien que nous n'arrivons jamais au fond de la réponse et que chacun y va de son expérience, de sa foi, de son honneur, de son plaisir, et j'ajoute de sa parole donnée aussi à quelqu'un, à un être de chair, ce n'est pas rien : même si l'on sait que certains la donnent sans y penser, « une fois donnée, la parole porte à conséquence[1] ». Les cultures et les religions l'ont bien compris : elles ont inventé, comme on l'a dit plus haut, des rites et des cérémonies de mariage qui sont une mise en scène publique de cette parole donnée, avec témoins et dignitaire comme symboles de plus grand (ou d'autre) que soi.

Et quand il y a entorse ou reprise, l'hypocrisie ou l'ambiguïté s'installe et le corps alors crie ses mots et dit ses maux car nous avons inscrit, gravé l'autre en nous. On n'y pense pas assez. De plus, en vivant en sa compagnie, nous avons communié aux mêmes sentiments, aux mêmes souffrances, aux mêmes espoirs. Il est un peu moi, je suis un peu elle. Se quitter, c'est s'arracher. Et la culpabilité, très souvent inconsciente, mine, sape et ronge, d'une manière insoupçonnée. Si au moins la société, symbole qui a entériné la parole donnée dans une cérémonie, déliait elle-même dans une autre cérémonie adaptée à chacun — et non à la sauvette dans un tribunal — les vœux du couple, il y aurait moins de culpabilité et donc plus de dynamisme pour se risquer à nouveau à aimer.

1. Cf. les articles de D. Sibony et de J.-P. Winter dans *Fidélité*, Éditions Autrement, n° 1, 1990 ; cf. aussi l'excellent livre de Didier Dumas, *La Sexualité masculine*, Albin Michel, 1990.

Le couple, aliénation ou liberté ?

Maud, trente ans, m'écrivait : « Quand ma mère avait vingt ans, le mariage était le but à atteindre. Elle attendait d'un homme qu'il veille sur elle. Pour moi, aujourd'hui, si j'étais mariée, je me sentirais piégée. »

GÉRARD SÉVÉRIN. — Pour beaucoup, le couple c'est l'aliénation au lieu de la liberté.

Tel homme choisit telle femme. Elle lui permet de s'exprimer, de dire ses richesses, d'épanouir sa personnalité. Elle est sa joie mais, simultanément, elle le fait taire, émousse certains traits de son caractère. Telle femme choisit tel homme. Elle est bien avec lui mais brusquement son amour se refroidit, les enfants sont là et la voilà piégée... Que faire ?

Dans le couple, une parole est donnée pour le meilleur et pour le pire.

Il me semble qu'il y a couple quand on fait une partie de son histoire à deux, quand un homme et une femme se rencontrent donc pour engendrer à deux une partie de leur vie dans du provisoirement définitif. Ils s'engagent, que cela soit dit ou non, l'un vis-à-vis de l'autre, à se donner un mutuel secours dans les circonstances délicates de la vie, à être responsables des enfants à naître pour les élever, les éduquer, les aimer. Responsables aussi professionnellement pour le bien de la famille. Responsables encore dans leur engagement politique ou pour le succès d'une œuvre à accomplir seul ou à deux, et encore responsables de la gestion d'un patrimoine, ou du développement de la cité. Voilà, me semble-t-il, une première image de couple, telle qu'on a pu la rencontrer depuis le Moyen Âge jusqu'à ces dernières décennies.

C'est de ce couple que parlent les autorités civiles ou religieuses. Elles parlent d'un couple social.

Le désir physique, sur lequel beaucoup croient fondé le couple, n'intéresse ni la loi civile, ni la loi religieuse. Comme le chante Carmen, l'amour n'a jamais connu de loi. Et pourtant, j'ajoute une remarque, la loi s'intéresse aux rapports sexuels hors mariage s'ils sont adultères. Aujourd'hui, le droit s'apprivoise avec le concubinage et l'amour libre. De plus, les relations sexuelles sont directement impliquées dans le devoir légal et religieux de cohabitation des époux. Cela dit, qu'un mariage soit un mariage de raison ou un mariage d'argent et pas du tout un mariage d'amour, les autorités civiles et religieuses n'y mettront pas d'obstacles même si elles font réfléchir les partenaires sur leur devoir conjugal ou la durée de leur vie de couple. Que toute la vie de couple soit fondée sur un amour réciproque ou sur des considérations sociales, familiales, patrimoniales, qu'elle ait pour but le bonheur individuel des époux ou la procréation des enfants, peu importe, à la limite.

Mais alors, une fois cette espèce de contrat social, de contrat de responsabilité rempli, qu'en est-il de ce couple qui a vécu une page de son histoire, dont les enfants ont vingt-vingt-cinq ans, peuvent travailler, vivre de plus en plus autonomes, et prendre en main leur vie, qu'en est-il de ce couple de parents ? Serait-ce une seconde vie qui commencerait ?

En effet, au Moyen Âge, à trente ans, on était vieux et à quarante ans quasi moribond. Il n'y avait pas de prothèse dentaire ni d'appareil acoustique, ni de lunettes, ni de chirurgie esthétique. À dix ans, les trois quarts des enfants étaient orphelins... La vie du couple et son contrat de responsabilité coïncidaient, grosso modo, avec la vie physique des partenaires. Il n'en est plus de même aujourd'hui. Non seulement on vit plus longtemps, la vie sexuelle est plus longue, la ménopause retardée mais, même durant la petite enfance de la progéniture, la vie a changé. Il y a des facilités grâce à l'électroménager, aux équipements sociaux, aux crèches... L'homme et la femme travaillent à l'extérieur. C'est pourquoi se dégagent, me semble-t-il, d'autres bases de vie de couple, d'autres valeurs qui seraient des valeurs de désir et des valeurs d'amour.

Mais alors, comment garder ou comment conjuguer couple et amour ?

Pour essayer d'y répondre, je vais reprendre à la base ce qu'il en est de la rencontre d'un homme et d'une femme.

Il est évident, sauf pour le téméraire ou l'innocent, que

personne ne peut dire qui il aimera un jour, qui éveillera son désir, qui le fera exulter, qui lui donnera envie de vivre. Personne ne peut le dire. On ne peut pas dire que quelqu'un ne nous fera pas signe en dehors du couple. Dans un couple, c'est un événement qu'on ne peut pas exclure. Quand, pour la première fois, vous vous êtes rencontrés, c'était inattendu, irrationnel, c'était une irruption ou une plus lente découverte qui mûrissait parfois à votre insu. Pourquoi ne pourrait-il pas se reproduire ce qui est arrivé une première fois ?

Mais alors, comment un homme fait-il signe à une femme et une femme à un homme ? N'est-ce pas une question essentielle pour continuer à se faire signe dans le couple ?

En premier lieu, l'homme et la femme ne réagissent pas de la même manière devant l'amour et nous allons bientôt arriver au cœur du problème : aliénation ou liberté dans le couple ?

L'homme fait une séparation entre le désir et l'amour. Sa fierté virile viendra de ce que sans amour il pourra désirer, tout au moins en paroles ou en imagination. Lorsqu'il sent qu'il peut désirer les femmes, il a alors le sentiment de sa puissance virile. Vous comprenez que l'homme ne peut concevoir la fidélité que comme un renoncement. Il sera fidèle à sa femme, malgré le désir qu'il a des autres femmes et par intermittence la fidélité sera vécue comme un enrichissement. Le plaisir sans amour est lié à la conception de la virilité. Désirer sans s'engager, éprouver du plaisir est donc pour l'homme signe de virilité. L'homme se veut donc capable de désirer à l'état brut.

Pourquoi l'homme est-il fondamentalement... un coureur ?

Parce que l'homme cherche à se rassurer. L'homme est fondamentalement angoissé. Bien sûr, on dit qu'il veut sauvegarder son autonomie ; c'est pourquoi il regarde les autres femmes ou qu'il court le jupon. On dit aussi qu'il veut préserver sa liberté, qu'il n'a jamais fini d'enterrer sa vie de garçon...

Ces raisons vous apparaissent superficielles ?

La raison plus profonde est que l'homme veut se réassurer car il sent sourdre, il sent jaillir en lui une angoisse qu'il n'a jamais fini de dépasser. C'est l'angoisse de castration, la peur qu'on lui coupe son sexe et qu'il en meure. Cette angoisse a surgi devant sa mère quand il a ressenti ses premiers émois sexuels et qu'il a eu peur que son père ne vienne le punir en lui coupant le sexe. L'homme en a gardé à jamais les cicatrices et c'est ce qu'il tente de colmater, c'est ce qu'il tente de nier en désirant sans amour les femmes. Ça le rassure de pouvoir être en érection sans conséquence malheureuse pour son membre viril.

Mais qu'est-ce donc que cette angoisse, ce complexe de castration ?

La différence anatomique des sexes pose à l'enfant une énigme. Pourquoi y a-t-il présence ou absence de pénis ? Le petit garçon pense que nous naissons tous avec un pénis. Si certains n'en ont pas, c'est qu'on le leur a coupé et qu'ils sont ainsi devenus filles. Quand le garçon découvre que certains n'ont pas de pénis, il redoute qu'il ne lui arrive la même chose et qu'en réponse à ses « activités » sexuelles à l'égard de sa mère, son père ne vienne le castrer. Il en résulte pour lui une intense angoisse... de castration. Chez la fille l'absence de pénis peut être ressentie comme un préjudice qu'elle subit injustement et qu'elle cherche à nier, à compenser ou à réparer. Ce peut être aussi une richesse : dès le début de sa vie, elle se sait, elle se sent manquante. Le garçon, en revanche, aura un long mûrissement à vivre avant de s'admettre limité...

Est-ce cela le fondement de l'aliénation ou de la liberté dans un couple ?

L'enfant garçon aime d'abord sa mère puis il la désire. Nous en avons déjà parlé. Quand il devient adulte, amour et désir sont souvent confondus. Cette situation lui rappelle celle de son enfance où il a aimé sa mère et l'a désirée. Sa femme, trop souvent, se rapproche, d'une manière inconsciente la plupart du temps, de la place interdite qu'avait la mère, elle qui lui a fait risquer sa vie virile et qui lui rappelle la menace paternelle de réduire à néant son pénis !

Ainsi une femme enceinte effraie souvent son mari. Pour lui, c'est souvent la « débandade ». Il n'a plus pour sa femme aucun appétit sexuel parce que inconsciemment cette femme qui va devenir mère lui rappelle sa propre mère. Si par contre les autres femmes suscitent un émoi sans amour, alors jaillit en lui un désir, et l'homme rassuré se reconnaît désirant et viril. Imaginer sa femme enceinte, et puis les autres femmes... L'amour est d'un côté, le désir est de l'autre. Et ce désir le rassure sans cesse car une femme anonyme peut toujours le mettre en érection. Il n'a plus peur d'être dévirilisé. Face à l'angoisse que la femme aimée, l'épouse ou la compagne, peut à tout instant faire surgir, les autres femmes apportent un démenti et un apaisement. C'est là que se situe pour l'homme le piège dans sa vie de couple.

Si donc l'homme se sent prisonnier, c'est de son amour d'enfant, de bébé même pour sa mère, et ce souvenir resurgit dans son rapport avec sa compagne. Mais est-ce la même chose pour la femme ?

Pour elle, l'approche est inversée. Elle se dira souvent partisane de l'amour unique, de la fidélité. Elle nie la possibilité du désir pur, c'est-à-dire de désirer purement et simplement l'homme. L'amour devra toujours être présent dans ses relations sexuelles.

Je désire, dit-elle, parce que j'aime.

Et elle se découvre nue sous le regard de l'homme, dépouillée d'une parure qui n'est autre que l'emblème de la féminité. Il ne s'agit pas de pudeur mais d'angoisse inconsciente chez la femme, et cela lié au regard de l'homme, non pas parce qu'il la déshabille mais parce qu'il la voit privée de ce qu'elle s'imaginait avoir quand elle était enfant, le pénis — selon Freud. Ce vêtement, ce silence, cet effarouchement féminin, font fonction d'écran, de bouclier face au premier regard qui, dans son enfance, l'a découverte privée du pénis qu'elle croyait avoir. Si donc une femme a mal fait le deuil du pénis qu'elle n'a jamais eu, cela lui sera difficile de montrer et de dire son désir de l'homme, son désir du pénis qui lui manque. « Je ne peux pas montrer mon désir du pénis parce que je n'en manque pas » ou « Ce n'est pas ce qui m'intéresse », dira la frigide, ou bien « J'en ai un », pense l'hystérique, ou encore « J'ai honte de ne pas en avoir... » Et ce genre d'aliénation se retrouve bien sûr chez le ou la célibataire de la même manière. On comprend qu'ainsi le célibat ait pu être entouré de mots nobles, d'idéologie mais, fondamentalement, il participe à la même difficulté. Ce n'est que dans l'étreinte amoureuse que la femme pourra soutenir et faire de sa nudité ce qu'elle offre à l'homme qui, en échange, lui prouve que c'est elle seule qui nourrit son désir.

Voici un passage d'une romancière : « Le corps ? Que peut-on faire de mieux que de l'utiliser à prouver à celui qu'on aime qu'on lui appartient et donc qu'on ne s'appartient plus. Vous voulez une citation sacrilège ? C'est une phrase que se répètent sans fin les croyants : “ *In manus tuas, Domine* ”, “ Entre Tes mains, Seigneur ”. C'est clair. S'abandonner à quelqu'un c'est se remettre à lui. Vous n'êtes plus à vous, vous vous reposez de vous, vous êtes emportés dans le tumulte et la flamme à quoi vous vous êtes donnés. Mais si celui que vous aimez cesse de vous aimer, de vous regarder, de vivre, au moins en partie en fonction de vous comme vous vivez en fonction de lui, s'il vous abandonne, vous retombez dans les ténèbres extérieures, autrement dit dans l'enfer. L'enfer, c'est la vie de tous les jours quand personne ne vous aime, quand vous êtes seule. » Cette belle page est de Pauline Réage, l'auteur d'*Histoire d'O*.

Cela m'amène à une autre réflexion : comment une femme se sait-elle féminine, comment un homme se sait-il viril ?

L'homme sait qu'il est viril — ou du moins il le croit — parce qu'il a un pénis qui vit. Il affronte avec succès cette épreuve de vérité qu'est le plaisir orgasmique. Son pénis devient un emblème d'une brillance enviée par l'univers entier ! L'homme sait qu'il est homme. C'est une minute de vérité, parce que, quel que soit son désir, rien ne peut assurer l'amant de sa réussite charnelle, une défaillance étant toujours possible.

Et la femme ?

La femme, elle, ne sait rien de sa féminité. Face à un miroir, une femme pourra se trouver jeune ou vieille, belle ou laide, mais aucune règle, aucun point de repère ne peut l'assurer qu'elle est féminine. C'est l'homme qui dit à la femme sa féminité.

Comment ?

C'est dans les yeux de l'homme, dans son attitude et ses gestes qu'une femme se sait ou se sent féminine. Autrement dit, ce que l'homme désire en elle, il est le seul à pouvoir dire si elle le possède ou non. Le propre de la féminité, c'est d'être reconnue par un homme.

Une fois le désir, l'amour, la virilité, la féminité ajustés entre un homme et une femme, des vagues de fond peuvent créer des séismes car tout l'être n'est pas encore civilisé ou contaminé par le don et la découverte de l'autre comme étant une personne. Croire le contraire serait gravement se leurrer. Lorsque la femme découvrira l'étincelle qu'elle aura allumée dans les yeux de l'homme, et que, de cette étincelle, elle fera sa joie, que grâce à cette étincelle, elle se sentira reconnue et saluée, alors, elle acceptera de manquer. Elle sera alors désirée. Sa féminité ne sera plus un voile ou un sécateur brandi mais une offrande et un don.

Pour elle, aimer c'est avoir envie de vivre et se savoir vivante par un autre, près d'un autre.

Aimer, c'est aussi se reconnaître en état de manque constant. Pour l'homme, il en est de même, à cela près que, pour lui, l'amour compte parmi d'autres choses. Sans amour, le monde est très incomplet pour l'homme mais il est encore plein d'intérêt : il a son travail, les rencontres avec les copains, le sport, les responsabilités diverses, etc. Pour une femme, l'amour seul la rend femme et pas seulement une personne. « Si je fais tout ce que je fais, confiait une femme, si je ris tout le temps, c'est parce que mon mari m'aime. »

Mais pourquoi cette femme est-elle aussi joyeusement dépendante de l'amour de son mari ?

Parce qu'elle est heureuse de manifester qu'elle a besoin de son « homme ». Elle a moins peur que lui de dévoiler son attente, en un mot, son désir. Aimée, elle est dans la joie.

N'y a-t-il pas risque d'être prisonnier l'un de l'autre ?

Ce peut être une aliénation que d'être collé à l'autre. « C'est fou ce que ça colle avec lui ! » « C'est fou ce que ça colle avec elle ! » Oui, à certains moments privilégiés ou à certaines périodes. Mais vous savez que rien n'est jamais acquis, qu'un couple est toujours boiteux, quel que soit son âge. Si vous croyez que c'est acquis, que c'est du définitif, c'est que votre amour est devenu une habitude.

C'est-à-dire que les membres du couple vivent comme lorsqu'ils étaient enfants et vivaient assurés de l'amour de leurs parents. C'était sûr et définitif.

L'amour des parents c'est la sécurité. Une mère n'abandonne pas son enfant. De même, croit-on, une femme n'abandonne pas son enfant de mari et vice versa. Pour certains, c'est l'assurance, il n'y a plus d'imprévus. C'est la coutume et bientôt le besoin sans désir.

Et la liberté !

Être libre, c'est se libérer d'une relation bébé-papa-maman. Il me semble qu'être libre, c'est être capable de communiquer, être capable de rencontrer un être différent de soi. C'est ici que se situe, selon moi, la difficulté des couples homosexuels. Dans le couple hétérosexuel, la rencontre est fondamentalement basée sur la différence. C'est une rencontre plus riche, plus libre et qui peut avoir plus d'avenir...

Il y a des couples homosexuels qui sont plus inventifs que des couples hétérosexuels...

C'est vrai, je parle là d'une manière générale. Dans un couple d'homosexuels, la rencontre est aliénée en ce sens qu'il manque une différence fondamentale, la différence des sexes, et que l'autre ne peut être qu'un miroir pour soi. Chez l'autre, je m'aime moi, j'aime mon image ou la re-présentation du couple bébé-maman.

La liberté dans le couple, c'est la découverte d'une parcelle sans cesse nouvelle à aimer chez l'autre, une parcelle qui révèle l'autre plus que jamais lui-même.

La liberté, c'est donc de découvrir l'autre différent, et qu'il en devienne surprise, envol, bonheur, recueillement.

La liberté c'est de permettre à l'autre d'aimer librement et donc aussi de ne plus aimer.

La liberté, c'est de désirer la réussite et d'admettre donc comme condition le risque d'échec.

Le lien d'un couple est un phénomène vivant, en évolution perpétuelle, et qui réclame à ce titre, pour ceux qui en sont partisans, d'être toujours vigilants et d'être toujours à l'affût de renouvellement personnel. Deuxièmement, être libre c'est être capable de communiquer avec l'autre dans le couple. On s'épouse en se parlant, en livrant les sentiments qui nous habitent, les espoirs, les appréhensions et les colères de tous les jours. De plus, le couple, pour être libre et fécond, doit pouvoir aussi communiquer avec les autres. Là se situe l'aspect familial, politique et économique de la vie du couple. Sinon il se meurt ou se leurre en se ratatinant sur lui-même. Il finit par se dessécher.

Être libre c'est donc se séparer de son enfance, de ses parents, etc. pour rencontrer l'être aimé et « s'épouser » chaque jour...

... et rencontrer des amis, des associations puis ensuite, à nouveau, d'une autre manière rencontrer ses parents et son enfance...

Harmonie sexuelle : équilibrés ou équilibristes ?

Qu'est-ce qu'un psychanalyste peut dire sur un sujet tel que l'harmonie sexuelle ? Existe-t-elle ? Est-ce que cela se passe dans la tête, dans le corps ou dans le cœur ? Ou dans les trois à la fois ?

GÉRARD SÉVÉRIN. — Pour illustrer mon propos j'utiliserais une image de cirque : l'équilibriste marchant sur un fil. Enfant, j'ai vu un funambule, sur une place publique. Muni d'un balancier, il s'avançait avec précaution sur un câble tendu entre deux poteaux. Sans ce balancier, sans cette tare, il serait tombé.

Dans notre société de consommation où tout va si vite, où l'excitation, le bruit, la vitesse l'emportent sur l'amitié, sur la recherche intérieure pour une plus grande connaissance de soi et un plus grand équilibre personnel, les médias nous proposent beaucoup d'objets pour soutenir notre personne, notre image défaillante.

Il est extraordinaire de découvrir tous les balanciers, toutes les tares qui nous sont proposés lorsque nous sommes en perte d'équilibre dans nos relations avec autrui.

Feuilletez les magazines de naguère, pour ne pas égratigner les pubs d'aujourd'hui : « Sans Love-Parade, mesdames, vous n'êtes plus présentables », mais « Cristal-Plis rend les rousses plus captivantes, les brunes plus mystérieuses », « Ultra Brite vous met le succès à la bouche », il donne à vos dents « une nouvelle force de séduction ». Et vous, messieurs, vous n'êtes pas un homme sans la BMW six-cylindres : « Son conducteur est un homme ambitieux, dynamique qui domine tout souverainement. » « Fabergé est une eau de toilette... pour vivre passionnément. »

Pour chiper les filles à la barbe de vos copains, « le rasoir Calor pour être sûr de vous et sûr de plaire ».

Vous le savez : les femmes sont sensibles à la musique : un fond sonore bien choisi et les plus farouches ne demandent qu'à se laisser séduire. La « haute fidélité » est un atout précieux surtout quand elle est signée Untel.

Pour terminer j'ajouterai encore une citation : « Certains mettent leur personnalité dans un œillet à la boutonnière ou dans un monocle ou dans une écharpe de soie jetée autour du cou. Le Burn's man n'a pas besoin de tout cela puisqu'il a un Burn's aux lèvres... Burn's long, mince, racé. Et même dans sa tenue la plus légère, un Burn's man peut rester quelqu'un, le Burn's entre les dents. »

Il est conseillé aussi aux dames d'aller chez l'esthéticienne pour se faire poser un masque de beauté.

Sans ces masques, certains semblent perdre la face. S'ils n'ont pas tel meuble, tel vêtement ou sous-vêtement, eau de toilette, auto, rasoir, dentifrice, s'ils n'en ont pas la possession, certains pensent ne pas être hommes ou femmes, ou du moins ils pensent manquer de l'essentiel pour être présentables à leur entourage. Ils ne peuvent être séducteurs. Elles ne peuvent être voluptueuses.

Il semblerait qu'il faille ces objets, ces tares pour atteindre une harmonie personnelle, une harmonie sexuelle...

Au dire de certains, pour être bien, il est indispensable de connaître les « trente-six positions en amour » : debout, assis, couchés, les reins cassés, les pieds au mur, une fois, trois fois, dix fois par jour, etc.

Tout cela est balancier ou tare pour les équilibristes que nous sommes mais ce n'est pas forcément ainsi que l'on est équilibré et que l'on vit une harmonie sexuelle. Encore que ce ne soit pas mauvais de varier les positions en amour. Comme le dit Freud : « La nouveauté est une condition de plaisir. »

Mais qu'est-ce que la vie sexuelle ?

La vie sexuelle ? C'est la vie de tous les jours, de chaque homme et de chaque femme, à chaque minute, du seul fait d'être un homme ou une femme. La vie érotique est un aspect de la vie sexuelle que l'on pourrait définir : la liberté de la chair épanouie par l'amour. La vie sexuelle, donc, est une manière d'être un homme ou une femme. Puisque l'homme et la femme sont des êtres sexués, tous leurs rapports seront donc sexuels ou sexués ? Tout élément de la personnalité est « sexualisé », en ce sens qu'il est influencé par le fait d'être homme ou femme.

Il y a une manière masculine et une manière féminine de sentir, de juger les choses, les gens, la vie, de ressentir une émotion, d'agir dans telle ou telle circonstance. Il y a une manière masculine et une manière féminine de procréer : les hommes ne sont pas « enceints ». Et que dire de l'accouchement, de l'allaitement, des règles, de la ménopause ? (Les hommes ne connaissent pas cela, sinon en fantasmes.)

L'harmonie sexuelle, dans un couple, se manifeste par des mille riens que nous connaissons tous. Et l'érotisme ?...

La fonction érotique, s'embrasser, se caresser ou s'unir, est l'aboutissement ou plutôt le signe de la vie sexuelle du couple. Il y a déséquilibre quand on est malheureux à cause de son sexe.

Mais que faut-il pour que chaque personne trouve un équilibre sexuel ?

Pour qu'il y ait équilibre ou harmonie sexuelle ou érotique, il faut qu'une séparation ait eu lieu dans la vie de chacun, comme nous l'avons dit plus haut, séparation dans l'enfance, confirmée notamment à l'adolescence. Séparation dramatique, angoissante, d'avec sa mère puis d'avec son père. Sans ces séparations affectives, il est impossible de rencontrer l'autre. Il est impossible de se rencontrer dans un couple.

De quelle séparation s'agit-il ?

Revenons au bébé dans son berceau. Un besoin se fait-il sentir ? Il crie. Il crie son besoin de manger et aussitôt sa mère présente le sein. Peu à peu, le nourrisson va mère présente le sein. Peu à peu, le nourrisson va s'éveiller. Il va découvrir ses mains, sa voix, un sourire, la voix des autres. Il va comprendre qu'il y a lui et sa mère. Et quand il criera parce qu'il a faim, il va crier en même temps pour avoir sa mère auprès de lui. Le sein sera alors une réponse à son besoin de manger et à sa demande d'avoir la compagnie de sa mère. Tant et si bien qu'il va bientôt crier pour avoir soi-disant quelque chose, mais en fait il criera pour avoir sa mère et son sourire et non pas ce quelque chose.

Que demande l'enfant ? Il demande deux choses : que sa mère lui donne à manger par son sein, et qu'elle l'aime. Autrement dit il demande que sa mère comble son désir. Et nous découvrons que, pour l'enfant, il n'y a que le sein qui puisse remplir cette fonction unique d'être à la fois ce que demande l'enfant et ce qu'offre sa mère. Le voilà ainsi comblé, corps, cœur et âme. Le plaisir de l'enfant et celui de la mère coïncident. C'est l'extase ! Mais l'enfant va perdre cet objet quand on va le sevrer, ce sein, devenu mythique, que nous continuons à rechercher, à espérer mais qui ne sera jamais plus en notre possession et dont nous sommes coupés pour toujours. Plus tard, cette séparation va se creuser par la découverte faite par l'enfant que sa mère aime aussi un autre homme, souvent son père.

La séparation d'avec le sein est donc dramatique : ce paradis perdu deviendra une quête sans fin, toujours recommencée...

Cette image mythique que nous avons tous en nous est un mirage car il n'y a jamais, en fait, de concordance parfaite entre besoin, désir du bébé et sein.

MAIS...
MAMAN, DIS-LUI
QUE JE L'AIME !!

Cette sensation de béatitude connue mais passée que nous avons en nous, nous allons essayer de la retrouver vivante.

Et nous irons de quête en quête, de projet en projet, d'un aujourd'hui à un demain... à la recherche de ce qui nous manque, à la recherche de ce qui pourrait combler ce manque. C'est ce manque qui provoque notre désir de rencontrer, de trouver l'autre (comme déjà le bébé et sa mère absente). Notre désir — qui est moteur — est bâti sur un vide, une absence.

L'important est donc de comprendre, d'accepter cette condition, ce manque, pour pouvoir rencontrer l'autre, tous les autres. Il faut quitter un certain bien-être relié à l'enfance pour s'unir à sa femme, à son mari. Il faut se séparer d'une partie de soi pour devenir adulte, autonome.

Et aussi quitter une sorte de rêve, de mythe pour pouvoir rencontrer la réalité.

Oui, réussir à quitter cette attitude enfantine qui consiste à croire qu'il suffit de désirer pour obtenir, même en tapant du pied (ou des poings). Accepter de savoir qu'on ne saura pas tout, qu'on ne possédera pas toutes les richesses, qu'on ne sera pas le préféré de toutes les femmes, de tous les hommes.

Mais une fois opérée cette séparation, nous désirons toujours nous faire plaisir et... faire plaisir à l'autre. Nous désirons vivre un amour éternel... Nous désirons exprimer nos sentiments les plus profonds mais nous n'arrivons pas toujours à les vivre.

Et nous voilà écartelés à nouveau : c'est en cela que nous sommes équilibristes... C'est dans le fait que nous vivons chaque jour un compromis entre ce que nous sommes et ce qu'est l'autre, entre ce que nous désirons et ce que désire l'autre. C'est ce jeu d'équilibriste qui est équilibrant.

Être ajusté à soi et ajusté à l'autre et toujours recommencer. Car cet ajustement, cette coïncidence à l'autre, cette unicité qu'on vise est impossible. En effet, jamais le mari ne peut combler totalement le désir de son épouse, jamais la femme ne comblera le désir de son mari. Jamais.

Ne faire qu'un dans le couple, se confondre avec l'autre est une belle image, un rêve d'amoureux...

La recette de l'équilibre, ce serait vivre en sachant que la plénitude n'est pas d'essence humaine, qu'au plus profond de l'orgasme on est tonifié et frustré car on est déjà en train de cesser de jouir. L'équilibre est de pouvoir recommencer et mieux.

Nous sommes aujourd'hui immergés dans une civilisation de la perfection apparente. La moindre publicité veut nous combler ou le palais ou les oreilles ou la peau du visage ou notre avenir, etc. Notre vie sexuelle est pour nous une chance parce que ça ne « colle » pas forcément, que la réussite n'est pas toujours assurée. Notre vie érotique redit notre manque et suscite notre désir.

J'ajoute que l'homme n'est pas sûr de sa virilité, de sa complétude virile. Combien pensent ou ont pensé avoir un pénis trop petit. La seule qui puisse le confirmer dans sa virilité est la femme et le fait d'avoir une femme et d'avoir une femme pendant un long temps. La femme est la garante de la virilité de son homme.

... Si la femme lui est infidèle, c'est le désarroi pour lui parce qu'il pense qu'un autre va mieux la faire jouir.

Mais même quand l'homme est rassuré dans sa virilité par sa femme, il a toujours ce fameux manque au fond de lui : sa femme ne coïncide pas tout à fait avec ce qu'il en attend : elle a ses limites, elle a des défauts.

De même pour la femme vis-à-vis de son mari...

Et au lieu de vivre cette frustration — condition de leur nature humaine — ils sont l'un et l'autre tentés de prendre une solution de facilité : lui, tester sa virilité ; elle, sa séduction auprès des autres.

C'est pourquoi chacun a tout à gagner à la libération de la femme qui ne veut plus se prêter à cet office d'auxiliaire, de femme-objet, de faire-valoir de l'homme qui resterait adolescent par peur de vivre son manque.

Certes, tout en sachant que l'histoire d'un couple est une série de crises surmontées. Nous sommes équilibristes.

Pourquoi se marie-t-on ? Pourquoi divorce-t-on ?

Pourquoi se marie-t-on ? Pourquoi divorce-t-on ?

GÉRARD SÉVÉRIN. — C'est un vaste sujet. Il faudrait plusieurs disciplines pour tenter d'en épuiser l'interrogation.

La sociologie pourrait y répondre en partie : on divorce à cause de la crise, du chômage, du travail féminin, de l'émancipation de la femme. Ce peut être aussi un phénomène de prospérité.

L'histoire pourrait nous aider et la religion pourrait aussi donner son point de vue. On divorce, dit-elle, à cause du péché, à cause de notre égoïsme...

Mais, avant de divorcer, pourquoi se marie-t-on ? Que répond le psychanalyste à cette question ?

On pourrait définir le mariage en disant que c'est une rencontre d'amour, de désir, de pulsions, de fantasmes, de hasards peut-être, à laquelle on a cru et qui nous fait vibrer à deux. Il y a réciprocité, complémentarité des désirs, des pulsions, des fantasmes. « Je l'aime parce que c'est elle, parce que c'est moi. »

Mais alors, qu'est-ce que le désir qui est si moteur ?

Revenons à la petite enfance. Lorsque, bébé, votre mère vous a pris dans ses bras, vous avez senti un bien-être, vous avez senti combien vous ne faisiez qu'un ensemble. C'était une grande satisfaction, une grande communion, un grand bonheur. Voilà ce que tend à rétablir le désir. Si vous n'avez pas eu de père ou de mère vivant auprès de vous, vous avez trouvé des substituts. En couple on recherche toujours à être caressé par le conjoint, à le caresser, à se prendre dans les bras... à ne faire qu'un avec l'autre, rappelant ce qui a été si intense avec notre mère, mais finalement toujours inassouvi.

Bien sûr que, souvent, désir et besoin sont liés, et il est parfois difficile de les différencier : ce bébé a-t-il besoin du lait de sa mère ou désire-t-il communiquer avec elle ? Cet homme qui a une érection en voyant telle femme veut-il satisfaire un besoin ou désire-t-il cette femme ? Autrement dit : veut-il la rencontrer pour un certain temps, un long temps ?... Car le désir ne se satisfait pas comme le besoin : il lui faut du temps pour se dire, se vivre dans une relation humaine. Le besoin est davantage plaisir du corps et se satisfait rapidement. Par contre, le désir est une communion, une communication créatrice. Il est métamorphose ou mutation du besoin en un courant de vie pour l'esprit et le cœur entre deux êtres.

L'homme et la femme vont donc toujours chercher ce qu'ils n'atteindront jamais. Ainsi l'homme voudra une femme qui ravivera en lui ses premières jouissances et la femme cherchera à attirer l'homme pour retrouver ses premiers émois.

Et ce sera une quête infinie ou dans l'intensité de la communion ou dans les infidélités et les coucheries. Ou bien, il ira mourir dans la répétition et le besoin, dans les habitudes. Il se sédentarisera. Il se fossilisera. On vivotera ensemble, par habitude. Mais sera-ce encore du désir ?

Et pourtant, le vœu essentiel de ceux qui s'aiment est de ne faire qu'un pour toujours ! Mais ne faire qu'un, est-ce possible ?

Je croix que désirer faire « un » dans un couple est une belle image ; le réussir est une illusion ; y tendre, est-ce l'équilibre ? Un couple est vivant quand on se permet d'être différent et que l'on trouve dans cette diversité un ressourcement.

Mais alors pourquoi divorce-t-on ?

Mais écoutez les plaintes : « Tu ne m'aimes pas comme je l'espère... c'est donc que tu ne m'aimes pas ! » Et certains vont voir ailleurs, espérant être aimés comme ils le désirent... Ils ne pensent pas qu'ils pourraient changer, eux, leur manière d'aimer ! Beaucoup de seconds mariages ou même de troisièmes sont plus heureux que le premier. Mais aucun homme n'est pleinement satisfait de sa première femme ni de sa seconde, ni de la manière dont il jouit avec elle ou, du moins, pas toujours. Avec une autre, fantasme-t-il, ce serait autrement et mieux !

Aucune femme n'est totalement satisfaite de son mari ni de la manière dont elle vit et jouit avec lui ou, du moins, pas toujours... Avec un autre, ne serait-ce pas mieux ?

C'est dire que le mari que vous avez n'est pas le meilleur... pour toute votre vie. Forcément, puisque le désir change toujours de place, d'objet, ou en surface ou en profondeur... La femme que vous avez n'est pas la meilleure... pour toute une vie. « Changez, diront certains, sinon votre désir va mourir ! » L'homme est polygame, la femme devient polyandre ! Est-ce à dire qu'il faille divorcer en cours de route ?

Pourtant c'est l'infidélité conjugale qui est la source de la majorité des divorces...

L'infidélité conjugale a de nombreuses sources. L'homme, je le disais, aime le changement. Pourquoi ? Parce que fondamentalement l'homme a peur. Il a peur de rencontrer son manque, c'est-à-dire qu'il a peur de reconnaître qu'il a besoin de sa femme, qu'il a envie d'elle, qu'elle lui manque. « Dis-moi que tu m'aimes ! » demande la femme... Mais il ne peut pas le dire : il a peur. Ce n'est pas qu'il n'aime pas sa femme. Il a peur de devenir prisonnier, dépendant. Il veut faire croire qu'il ne lui manque rien.

En effet, l'homme, dès le début, contrairement à la femme, s'imagine qu'il a tout, qu'il est entier. Il croit ou feint de croire qu'il est tout. Il n'a pas encore compris qu'il est tout par rapport à une femme. Il a besoin d'une femme pour se découvrir homme complet. L'homme manque d'une partenaire.

Il est infidèle donc par peur d'être prisonnier. Il veut se prouver qu'il est libre parce que — deuxième cause profonde d'infidélité — l'homme a peur de retrouver sa mère en sa femme quand, le temps aidant, on prend des habitudes qui font que l'on n'a plus à reconquérir l'autre et que peu à peu on se retrouve devant des gestes maternants et non plus d'amants. La femme fait peur parce qu'elle représente toujours quelque chose de la mère et de l'interdit de l'inceste qu'elle porte. La femme a moins peur de retrouver son père en son compagnon : elle aime la sécurité ! L'homme est infidèle aussi parce qu'il aime la nouveauté, les femmes plus jeunes : c'est qu'il perçoit au loin son impuissance prochaine. Une jeunette va le réactiver pour un temps et éloigner ainsi le spectre de la mort.

Quelquefois, souvent même, dans un couple, les deux partenaires n'évoluent pas au même rythme, ni dans le même sens et un(e) autre va, peut-être, révéler une partie de soi inexploitée.

Voilà, en résumé, quelques difficultés qu'affrontent beaucoup de couples aujourd'hui et qui les désorientent. La fidélité dans le couple, c'est se réorienter sans cesse.

L'avez-vous remarqué : dans un couple, on tend à être trois ?

En effet, le troisième peut être l'enfant, ou même la télé, le sport, le bureau, l'alcool ou le chien...

... la maîtresse ou l'amant !

Ce sont là des tiers nuisibles. Une relation pour être vivante a besoin d'un tiers. Nous avons besoin de divertissements, de diversions même, au moment des crises. Le tête à tête est enrichissant, c'est une source rafraîchissante, mais y rester et s'y installer peut dessécher. Nous avons besoin aussi d'obstacles à surmonter en couple, il nous faut des barrages pour rendre vivant notre désir. Chaque couple a une belle-mère curieuse et possessive, un voisin entreprenant, un adolescent qui donne des soucis, un travail incertain qui nous force à nous renouveler, à ressentir combien notre conjoint est précieux, à nous bagarrer pour sauver notre relation de couple, à devenir inventifs. Une vie à deux sans le concret de la réalité risque bien vite de devenir ennuyeuse. Il nous faut souvent choisir entre les ennuis et l'ennui.

La femme est plus proche de la vie...

Elle est plus proche de sa vérité... Parce que la femme rencontre très tôt le manque : elle ne voit pas son sexe. Elle n'a pas de seins comme sa mère, elle n'a pas de muscles comme son frère, etc... Très tôt, la petite fille est confrontée à la réalité de la vie : on manque toujours de quelque chose. Il faudra, je l'ai dit, beaucoup de temps pour que le petit garçon fasse la même découverte : il a tout, croit-il ! Le garçon est plus vite prêt au sexuel, la fille est plus vite prête à l'amour et à en accueillir le fruit dans son corps... Elle peut donc dire des « Je t'aime... » Elle n'a pas peur de dire qu'elle a envie de rencontrer quelqu'un qui va la combler. Mais bien sûr, pour combler son manque, elle risque, par exemple, d'accaparer son mari, ses enfants. Tous devront la combler !

Tandis que la sexualité et l'infidélité de l'homme sont papillonnantes à cause de son angoisse profonde, la sexualité de la femme est plus possessive. Elle peut même devenir très vite « incestueuse » en faisant de ses enfants ses confidents, en envahissant leur vie, en s'attribuant droit de regard sur leur vie sexuelle. La femme est infidèle à son mari en tout cela, mais... à domicile, en catimini, ça ne se voit pas...

Aujourd'hui, les femmes imitent de plus en plus les hommes... Elles cherchent d'autres partenaires, en dehors...

Le drame de l'infidélité dans un couple, c'est que l'on en fait souvent un drame d'amour et de la conjugalité. En fait, c'est souvent passager : vers la cinquantaine, beaucoup de femmes font un bilan et un règlement de comptes ; ce sont aussi les tâtonnements du désir mais qui peuvent produire une blessure narcissique insupportable par l'autre. Le conjoint fidèle a l'impression d'être déshonoré, de perdre la face, le cœur, le sens de sa vie. Combien affirment : « je préfère ne pas le savoir... », disant ainsi qu'ils ne veulent pas être blessés tout en sachant que l'amour et le « nous » conjugal sont toujours vivants.

Si l'on dédramatisait l'infidélité, y aurait-il moins de divorces ?

L'infidélité est une régression : l'homme repart bien souvent avec sa maman-maîtresse dans une vie de rêve. La femme repart avec son papa-amant sans les contraintes quotidiennes. C'est la vie facile en cachette, bien souvent hors de la réalité et sans responsabilités.

Je rencontre, maintenant, de plus en plus de couples qui renouent, ils ne s'arrêtent pas à un manquement.

En effet, au lieu de s'arrêter à la blessure de leur image de marque — car c'est très souvent une meurtrissure narcissique qui fait mal — ils se renouvellent.

C'est sans doute différent quand une liaison dure et perdure... Car il se peut qu'un autre, qu'une autre fasse « signe » plus intensément que vous et emporte votre époux ou votre épouse. Je dis emporter parce que, pour certains, c'est un tourbillon. Pour d'autres, c'est un long mûrissement.

Si l'on regardait la fidélité comme un objectif à atteindre ? Sur le chemin, il y a des tâtonnements. On ne sait pas toujours où en est le désir. Cela fait souffrir l'un ou l'autre mais, je le redis, ce n'est pas forcément la fin d'un amour. De plaisirs en joies, « de méprises en erreurs se balise, pour chacun, le chemin de la vérité [1] ». Le drame est de rester coincé dans une situation au lieu d'aller de l'avant, de changer avec sa femme, avec son mari, ou de changer de femme ou de mari. Nous ne connaissons notre vie qu'à l'heure de notre mort... Il faut attendre la mort pour avoir le dernier mot de l'histoire d'un homme. Et, pour le croyant, le sens de la mort ne sera donné qu'avec la résurrection.

L'infidélité vient de ce que le désir tombe dans la répétition, dans le besoin... Mais peut-on aimer toute une vie la même personne ?

Les actionnaires du minitel rose vous riront au nez, les gentils organisateurs des clubs de vacances aussi. En fait, c'est possible si nous alimentons notre désir. Pour ce faire, nous devons apporter du changement : ne soyez pas toujours la même femme ni toujours le même mari. Soyez inventif, imprévu ! Étonnez votre conjoint. Faites-lui des surprises...

Et parlez... C'est dans la parole et les gestes que l'on se marie. Si l'on se marie un jour, on s'épouse tous les jours en se parlant.

1. D. Vasse, *Le Poids du réel, la souffrance,* Seuil, 1983.

Bien sûr qu'il faut du temps pour vivre et développer l'expression de son désir. « C'est reposant, écrivait le docteur Michel Guy, de ne pas avoir à reconquérir son épouse tous les jours... ! » On peut faire du temps notre allié mais en prenant garde de ne pas s'y installer sans se renouveler.

Par ailleurs, on dit que, dans une relation qui dure, la tendresse remplace inévitablement la passion.

En effet, la passion ne peut durer car elle surgit d'un effet de miroir : on se retrouve dans l'autre, on se regarde dans ses yeux, on s'admire quand il (elle) nous dit des « Je t'aime ». Si l'autre ne correspond plus tout à fait à notre image, à notre attente, c'est l'orage, les querelles et la rupture à moins que l'on ne transforme la passion en amour et que l'on ne commence à s'intéresser à l'autre.

La tendresse englobe l'être entier : le corps, l'esprit, le conscient, l'inconscient. Elle sent l'autre et accueille son esprit avec délicatesse. Elle s'exprime par des sentiments et des gestes, bien sûr, car notre psychisme ne peut se transmettre sans gestes ou cadeaux ou paroles.

C'est une autre manière de dire notre amour sans tout de suite mettre en jeu le sexe ?

C'est dire notre amour pour rejoindre l'autre au-delà du plaisir.

Ce qui est dommage, c'est que l'homme moderne, trop souvent, veut de l'actif, du concret, du vite fait et ne prend pas le temps...

... de cette découverte plus subtile et d'un autre rythme : la présence de l'autre et son être tout entier.

Avec la tendresse, on aime l'autre et ses faiblesses. On l'accepte tout entier avec ses failles. Mais pour nourrir la tendresse, le meilleur moyen est de se parler.

On s'épouse, en effet, en se parlant...

Au début du mariage, tout est nouveauté. Puis arrivent les enfants qui font un changement radical dans les relations... Pas toujours facile à supporter pour le mari qui découvre en sa femme une mère qui, au moins pour un temps, donne priorité au petit, au détriment, lui semble-t-il, de lui, le mari...

Il y a aussi le travail et ses préoccupations. Cela apporte encore de la variété dont peut se nourrir le désir. Mais quand tout est tracé — semble-t-il —, que les enfants sont grands et qu'ils ne sont plus là pour apporter leur fantaisie, il faut changer de vie pour conquérir et reconquérir votre partenaire. Il faut changer quelque chose... sinon on risque d'aller voir ailleurs ou de vivoter. On prend ainsi sa retraite affective et sexuelle avant l'âge.

Quand la maternité est achevée, la femme est libre pour une autre vie, ce qui, aujourd'hui, grâce à la pilule et à l'autonomie pécuniaire, arrive beaucoup plus tôt que du temps de nos parents.

Soyons inventifs car la répétition est la mort du désir. Et il arrive un moment où l'homme a découvert les limites de sa femme et la femme les limites de son mari. Si rien n'alimente leur désir pour le renouveler et lui donner vie, ils risquent l'un et l'autre d'aller chercher ailleurs de quoi animer leur existence. Changez... de maison, de travail, de loisirs. Entrez dans une association, etc. Tout cela vous renouvellera et renouvellera votre couple.

Dans ce sens, on affirme souvent que la distance érotise !

Un couple qui vit collé à deux, sans distance, en duo, comme je l'ai dit plus haut, risque de ne plus voir chez l'autre que les limites sans une part de rêve, de retrou-

vailles, de risques. Mais vivre trop longtemps loin l'un de l'autre finit par épuiser : on partage de moins en moins, on n'ose plus poser de questions. Le désir ne peut se renouveler à vivre avec un fantôme lointain à moins que l'on cherche à ne rien construire et à vivre dans le rêve. Mais est-ce vivre avec cet homme-là, cette femme-là ou avec un fantasme ?

Pourtant beaucoup de films, beaucoup de romans nous incitent à sortir du quotidien pour vivre dans le romanesque.

Ils nous aident à rêver mais ils ne nous aident pas forcément à vivre. Ils peuvent nous donner des idées pour nous aider à transformer notre réalité quotidienne, mais c'est notre réalité quotidienne qui est vivante.

Changer et évoluer, d'accord ! C'est par la parole et les gestes que l'on s'unit, d'accord encore ! Nous pouvons aussi faire du temps notre allié. Tout cela est très bien mais faut-il tout se dire ?

C'est ce dont l'homme a le plus peur : se livrer. Il a l'impression de se déposséder, d'aller à découvert, sans protection. Et puis, il a plein de choses à préserver !

La femme aussi...

C'est tellement dans sa nature qu'elle ne le sait pas !

Vous plaisantez ! Je reprends quand même ma question : « Dans un couple, faut-il tout se dire ? »

Faut-il tout se dire dans un couple ?

GÉRARD SÉVÉRIN. — Beaucoup pensent : « On doit tout se dire. Tout ce qui est à moi est à toi, pour le meilleur et pour le pire. » Cela est peut-être de l'idéal. Voyons la réalité de ce qui est possible.

Même en couple, chacun a son jardinet secret. On n'a pas forcément à livrer à l'autre, par exemple, ses fantasmes sexuels qui d'ailleurs perdraient de leur force ou peut-être offusqueraient le conjoint. Pareillement, il est des pensées parasites, par exemple homosexuelles, qui sont des restes de l'enfance ou de l'adolescence qui ne sont pas obligatoirement à révéler. Si l'on veut s'en débarrasser ou se mettre au clair sur ces sujets, mieux vaut voir un psychothérapeute que d'accabler son partenaire d'une telle révélation. La vie de chaque jour apporte suffisamment d'épreuves sans devoir imposer à l'autre une croix imaginaire faite de fantasmes infantiles mais qui bien souvent ne seront pas reçus comme tels.

Même si une autre femme que la mienne me trotte dans la tête ? Même si un autre homme que le mien accapare mes pensées ?...

Ici, c'est à chacun de mesurer la force de son conjoint. Il en est qui en rient. Et ce rire purge l'atmosphère. Il en est qui s'entraident en organisant la vie d'une autre manière. À chaque couple sa « stratégie ». Par contre, j'en connais pour qui la révélation d'un(e) autre, même en rêve, fut la catastrophe.

« Mon mari m'a vraiment déçue quand il m'a appris qu'il avait en tête, comme une idée fixe, une collègue de travail. Je ne peux plus faire l'amour avec lui puisqu'il " doit certainement " penser à une autre quand il est avec moi », confiait une épouse.

Il est des hommes qui en arrivent aux mêmes effets : ils deviennent comme impuissants. Que se passe-t-il ?

Chaque victime est d'abord blessée dans son narcissisme : « Quoi, je ne suis pas tout pour lui (pour elle) ? » Cette lézarde dans l'amour-propre, dans l'image de marque que l'on a de soi, peut ronger une relation. On est offensé, vexé. On n'a pas d'abord peur que notre amour conjugal craque et arrive à l'échec. On ne se dit pas d'abord que l'on va se « décarcasser » pour s'en sortir à deux et susciter d'autres images, d'autres surprises pour remobiliser l'attention et le cœur de l'autre. Non... On est d'abord aigri, dépité, ce qui est une manière de dire que l'on pense d'abord à soi.

Tout dire en couple ? Il faut que l'autre puisse le supporter.

En résumé, pourquoi divorce-t-on ?

Et pourquoi se marie-t-on ? À cause de notre inconscient et des premières impressions qui y sont gravées par les parents et par notre sexe. Et aussi parce que nous n'avons pas la même position, homme et femme, devant la fidélité et l'infidélité, et surtout parce que nous ne parlons pas chaque jour car « le mariage est la traduction en prose du poème de l'amour ». Vouloir rester dans le rêve du poème sans le vivre dans la réalité de la prose quotidienne, voilà la méprise et... le divorce.

Et les fantasmes sexuels... « Croyez-vous qu'il me faille les raconter à mon mari ? Ils m'excitent quand je fais l'amour avec lui ? »

À quoi bon ? Si vous les décrivez, vos fantasmes ne seront plus érotiques. Gardez-les, au contraire, dans votre jardin secret. Ils vous permettent de vous faire plaisir, puis de faire plaisir à l'autre et donc de vous faire plaisir à tous deux.

Il y a quand même des fantasmes qui sont à dire : ceux qui expriment de l'angoisse. « J'ai peur d'être engloutie », disait une femme. « J'ai toujours peur d'avoir une panne, confiait un homme, ou d'avoir une éjaculation trop précoce. » Si elles gênent la bonne entente sexuelle du couple, ces peurs sont à soigner. Les autres fantasmes ne sont pas à raconter.

Tout le monde fantasme... Les femmes sont plus souvent martyres (mais pas toujours !) et les hommes héros (mais pas toujours non plus !).

Martyres, elles imaginent qu'elles se sacrifient ou qu'elles se font violer pour la bonne cause car on a toujours une bonne conscience à préserver. Ne pas être responsable de l'événement, c'est la sécurité dans le plaisir. Ou, à l'inverse, être la prostituée qui fait jouir tous les hommes de la contrée est très excitant pour certaines, ou encore voir son mari dans une position humiliante, ou l'imaginer dans les bras d'une autre ou être surprise dans un ascenseur... La collection des fantasmes est infinie selon l'histoire, l'imagination ou la culpabilité de chacune devant la sexualité.

Et les hommes ?

Héros, ils imaginent séduire une femme, ce qui est très affriolant pour certains ; au contraire, pour d'autres, découvrir une femme qui a énormément envie d'eux peut être stimulant pour leur machisme. Une femme qui cède

toujours et qui est toujours consentante anime et soulève l'imagination du mâle.

On allume l'abat-jour ou bien « on fait ça » dans le noir. On parle ou on se tait. Les chambres d'hôtel enflamment certains duos. Chaque couple a ses habitudes et ses envies privilégiées. Certains aiment des sous-vêtements sophistiqués qui les excitent mais qui laisseront froids d'autres couples. « J'aime quand mon mari a des caleçons à l'ancienne mais je ne le lui dis pas ! Il se moquerait... Heureusement, ça revient à la mode », disait une épouse BC-BG. Peut-être le mari serait-il heureux de découvrir sa femme avec des bas plutôt qu'en collants !... Et il y a des martinets qui ne sont pas seulement destinés aux fesses des enfants.

Certains se demandent alors s'ils ne sont pas un peu infidèles à leur partenaire avec leur imagination voyageuse et industrieuse.

Je ne le crois pas.

Tout d'abord, c'est toute la journée que nous nous inventons des romans et que nous élaborons des interprétations de l'avenir, que nous partons à l'aventure avec des vedettes de la télévision, des heures durant. C'est communément admis car c'est « pour de rire ». Pourquoi n'en serait-il pas de même en ce qui concerne notre vie sexuelle ?

L'imagination apporte au feu du foyer les bûches de nos fantasmes pour s'aimer davantage. Ces fantasmes nous aident à mieux vivre ensemble, à pimenter nos relations, ils peuvent nous aider à vivre fidèles et peu à peu nous unifier en les concentrant sur notre partenaire qui devient alors la femme, l'homme de notre vie. Unique.

écoute-moi!
Je t'aime!
Je t'aime...
Tu m'énerves!
Je t'aime
Il faut que je te dise ce que je ressens

Différents...

L'homme et la femme, répète-t-on, sont complémentaires.

GÉRARD SÉVÉRIN. — En vérité, ils sont surtout différents. Vraiment différents. Si une femme vous demande ce que vous pensez de sa nouvelle robe, vous allez, sans doute, « comprendre » : elle veut que je lui dise mon « jugement ». Pas du tout ! Elle attend... des compliments !

Et devant une affiche ou une revue pornographique ou érotique, le garçon et la fille n'ont pas du tout la même attitude. Le garçon est plus « voyeur » : il aime voir et veut voir. La fille s'intéresse peu à ce genre car elle aime se faire voir et veut entendre. En effet, elle est plutôt « auditive ». Combien de femmes disent à leur mari : « Dis-moi que tu m'aimes. » Elles veulent l'entendre dire. Et eux qui sont... « voyeurs » rétorquent : « Tu " vois " bien que je t'aime. » Mais ils ne peuvent pas le prononcer !

Et puis, pour la fille, la sexualité est, en général, la rencontre avec un homme avec lequel elle pourra peut-être vivre une portion de sa vie et même toute sa vie et en porter fruit.

Le garçon est d'abord porteur de semences, de milliards de semences. Il cherche où les déposer. Les revues porno, les affiches excitantes le font rêver, le mettent en route, le tentent, l'incitent à faire... sa distribution.

C'est la femme qui éduque l'homme à l'amour !

On « imagine » l'homme et la femme complémentaires[1], comme dans les mythes où se côtoient les androgynes qui sont tout à la fois hommes et femmes... Un jour, dit-on, ils se sont cassés et, depuis, ils cherchent à retrouver leur... « moitié ». En vain.

Cet idéal se retrouve aussi dans le ciel où il n'y aura pas de différences : nous serons tous comme des anges, c'est-à-dire sans vie sexuelle, dans une unité parfaite.

En attendant de vivre ces fantasmes d'androgyne ou cette perspective biblique hors histoire, nous vivons maintenant dans la différence.

Quoi de plus différent que l'appareil génital masculin et féminin ? Quoi de plus différent entre un homme et une femme qui attendent un enfant ? Et leurs réactions et leurs sentiments qui entourent naissance et éducation.

Mais alors comment nous retrouver ? Comment nous rencontrer ?

Il me semble qu'une amitié entre un garçon et une fille, il me semble qu'un mariage ne se tissent que par la parole. Il faut parler. On se marie en se parlant.

En se racontant, en échangeant ses points de vue, on dit sa différence, on se comprend mieux. Sinon la différence risque d'être un fossé puis un abîme.

1. Alors que chacun a du masculin et du féminin en lui... Mais veut-on le voir ?

Je connais un couple naguère uni qui s'est disloqué. Ils avaient perdu une petite fille. La douleur était immense pour le père et pour la mère, mais jamais ils ne pouvaient parler ensemble de ce décès. Comme ils le vivaient d'une manière différente, l'incompréhension s'est bientôt installée entre eux puis ils se sont ignorés l'un l'autre...

« La Fête des Mères, me disait une maman, c'est pour moi la fête des grossesses, des dernières contractions et de la naissance des enfants. C'est une fête très importante ! » Quelle différence d'avec les Fête des Pères ! Le père est si souvent extérieur à tout cela. Même présent, sa participation est si différente que, s'ils ne s'en parlent pas, ils vivront l'un à côté de l'autre ces jours de fête, mais pas ensemble.

La rencontre d'un homme et d'une femme, c'est la rencontre de deux corps, de deux consciences, de deux points de vue. C'est aussi la rencontre ou le choc de deux différences.

SI AU MOINS J'AVAIS UNE FEMME INTELLIGENTE !!
TU NE PEUX PAS TOUT AVOIR : UNE FEMME INTELLIGENTE ET QUI RESTE AVEC TOI !!

Amours, délices et orgasmes

Beaucoup de femmes sont préoccupées, beaucoup de jeunes sont inquiètes : elles n'ont pas d'orgasmes ou bien ils sont fugaces et peu nombreux. Sont-elles en bonne santé psychique ?...

GÉRARD SÉVÉRIN. — Tant mieux, bien sûr, si elles jouissent, épanouies. Mais une relation riche n'est pas le fruit de la seule activité génitale ou de l'attirance pour le corps de l'autre.

C'est vrai que partout la publicité, le cinéma, les affiches jouent sur cette fascination et cet amalgame. Les médias se plaisent à montrer un corps nu ou mieux un peu dévêtu qui attire et fait rêver. On imagine que, si on le rencontrait, il ferait le bonheur de la vie. En fait, ce qui nous est offert, c'est une surface, une image sans épaisseur. Ces images nous donnent l'illusion de rencontrer quelqu'un.

Ces affiches ou ces magazines tentent de faire, des hommes surtout, des voyeurs sans responsabilités...

Ces placards ou ces publications tentent aussi de rendre les femmes conformes à certaines règles, attachées à certains gadgets, bronzage ou sous-vêtements, hors desquels elles ne peuvent pas être de vraies femmes. Ces images, photos ou publicités donnent à voir mais n'établissent aucune relation affective ni spirituelle avec personne.

C'est cette relation de tout l'être qui compte le plus pour la femme. C'est dire qu'elle est attentive aux limites de l'homme plus qu'à son plumage, à son humilité plus qu'à son côté irrésistible, à sa vérité plus qu'à son paraître. Elle veut rencontrer quelqu'un.

Pour l'homme, n'est-ce pas la même chose ?

Pour lui, aimer et faire l'amour est différent. Il veut d'abord garder la maîtrise de la situation et de sa vie. Être voyeur est donc pour lui plus facile que d'être un cœur ouvert et aimant. Il craint d'être prisonnier.

D'ailleurs beaucoup d'hommes amoureux sont traversés de pensées dévalorisantes pour leur femme. Ils ont à l'égard de leur amie ou de leur compagne des « je te déteste » ou des « qu'elle est idiote... ! » Ces pensées furtives disent leur peur d'être trop dépendants. Ils mettent ainsi, à leur insu, une distance.

C'est donc qu'ils sont amoureux — contrairement à ce que l'on pourrait croire — mais ne veulent pas se laisser aller à cet amour.

C'est juste. Mais cela veut dire aussi qu'ils commencent à rencontrer quelqu'un en leur femme. En effet, dans sa relation au féminin, l'homme est séduit par la ligne d'un cou ou la courbe d'un sein, la fossette qui creuse un sourire ou une manière de penser. Rencontrer une femme tout entière est pour lui comme voir de l'insaisissable. Cela lui fait peur. L'homme préfère penser, produire, travailler, bander pour celle qu'il dit aimer et dont il a besoin. Mais rencontrer quelqu'un, passer du sexuel à l'amour est inquiétant.

Pour y arriver, il faut un long chemin de désappropriation de soi qui permettra à la femme de trouver sa place. Alors sa sexualité, qui est tellement plus intense et plus diffuse que celle de l'homme, pourra s'exprimer et recevoir : mari, enfants, caresses, cadeau, bouquet, repas lui parleront, lui signaleront la qualité d'une rencontre, lui révéleront l'amour. « Ça » la touchera bien plus que le torse bombé du macho qui veut montrer qu'il ne lui manque rien.

Pour la femme plus que pour l'homme, « c'est l'âme qui enveloppe le corps » non pas que pour elle le corps et sa jouissance soient inexistants mais l'attirance sexuelle seule et son plaisir ne sont que caricatures. Elle tente d'attirer l'homme sur ce chemin.

Ne convertissez pas l'autre !

Beaucoup se plaignent : « Ma vie est un enfer : mon mari ne parle pas ! Il est intelligent pourtant mais il ne dit rien ni de son travail, ni de ses sentiments... Comment faire pour le changer ? » « Ma vie est un iceberg : ma femme est froide avec moi. Par contre, elle est toujours à rendre service, toujours partie, toujours en réunions. Comment faire pour qu'elle change ? C'est intenable ! » Combien de fois n'avons-nous pas entendu de ces plaintes, échos d'une souffrance tenace ? Pourquoi ces couples ont-ils ce genre de problèmes ?

GÉRARD SÉVÉRIN. — Parce que l'un des partenaires fait trop d'efforts pour convertir l'autre.

Si vous permettiez à votre conjoint d'avoir quelques défauts, tout changerait dans votre relation. Si vous concédiez à l'autre quelques insuffisances, que de soucis et d'agacements en moins !

« Celui qui cherche un frère sans défaut reste sans frère », dit un sage musulman. Avec nos amis, il est des sujets que nous n'abordons pas : ils nous sépareraient. J'ai un ami qui vote toujours pour le mauvais candidat. Il reste mon ami ! À quoi bon parler politique ? Je ne le changerai pas. (Car, bien sûr, c'est lui qui devrait changer.) Et ainsi nous passons de très agréables moments ensemble. Nous avons des instants enrichissants et une amitié qui s'épanouit. Oui, il est des sujets que nous n'abordons jamais : nous serions vite fâchés.

Un ami ou un époux, une épouse ont de multiples facettes. Il faut beaucoup de temps pour les découvrir puis les faire valoir. Chacun a ses lumières et ses étincelles qui nous fascinent et aussi ses taches, ses points aveugles qui ne nous conviennent pas. Pourquoi ne regarder que les défauts et les défaillances ?

Nous n'avons pas rendez-vous tous les jours avec un ami. Les soirées passées avec lui ne sont pas quotidiennes. Tandis qu'avec sa femme ou son mari, l'assiduité est tout autre ! Chaque jour, chaque soirée, chaque week-end, les vacances sont des temps de rencontres, d'affection ou de confrontations. Comment transformer une atmosphère conjugale quand vous avez tout essayé : parler, crier, claquer la porte, faire des cadeaux, inventer de l'imprévu, rire... ?

Essayez alors de changer vos désirs, de changer votre attente.

Vous êtes déçu(e) de votre mariage ? Ce n'est pas le bon numéro ? Ne divorcez pas trop vite : le divorce n'est une facilité qu'aux yeux des célibataires.

« Tout a été mieux quand j'ai été d'accord pour qu'il aille voir son match de football le dimanche pendant la saison », me disait une femme. « Le soir, il n'y a plus de criailleries depuis que je le laisse tranquillement lire son journal », me disait une autre. Futilités, diront certaines.

C'est ridicule pour les autres, pas pour celles qui changent leur désir et leur attente.

« Figurez-vous que maintenant elle sourit et chantonne : je me suis mis à faire le lit et divers travaux ménagers, me rapportait un époux. Jamais ni mon père ni mes frères n'ont donné un coup de main à leur femme ! » « Maintenant, c'est d'accord, je vais avec ma femme au cinéma ou au théâtre une fois par mois. Ça me change ! » me confiait un casanier moustachu. Ces détails, petits pour les autres, changent ceux qui les réalisent et transforment une atmosphère de récriminations en détente parce qu'on a muté ses souhaits ou ses habitudes. Les exigences sont assouplies, sinon c'est l'enfer. On fait des compromis sans compromission.

Chacun imagine avoir le droit de convertir l'autre ! Si vous le croyez, permettez à l'autre aussi de vous convertir.

C'est vrai que certains couples ont été taraudés de l'intérieur par un ver et qu'il ne reste que déchets et scories. C'est peut-être alors une autre affaire qui demande une intervention chirurgicale ou des soins de longue durée... Mais souvent rien n'est si grave.

Dans toute poire, il y a des pépins. Retirez les pépins, mettez-les sur le bord de votre assiette et savourez le reste ! Ne voyez pas que les pépins de votre vie ou de votre conjoint. Repérez donc les rayons de soleil qu'il vous apporte pour les apprécier !

Couple

Certains vivent à deux pour leur plus grand bonheur ! L'amour est une des recherches essentielles de tout être humain dans notre société...

GÉRARD SÉVÉRIN. — La femme permet à l'homme de devenir ce qu'il est. Et vice versa. L'homme conduit la femme vers ce qu'elle est. Mutuellement, ils font jaillir ce qu'il y a de meilleur et d'inconnu chez l'autre. Comme l'a si bien écrit Gaston Bachelard : « Le moi s'éveille par la grâce du toi. » Un des buts du mariage serait donc la révélation des êtres, on pourrait presque dire leur re-création. L'amour nous pousse à rencontrer l'autre ; on va plus loin que soi pour découvrir l'autre. Et quand l'amour est vraiment vivant, il produit des fruits. Le but de chacun est d'être heureux. Son désir, sa joie sont de s'épanouir et d'épanouir l'autre.

Mais les couples se constituent sur une attirance amoureuse.

Ce sentiment amoureux est très important, c'est le piment mais il n'est pas essentiel. Un couple se bâtit sur une conviction : j'ai trouvé la personne avec laquelle je saurai faire durer la vie à deux, la susciter, la ressusciter en des créations diverses, au jour le jour. L'espérance et la conviction ne garantissent pas le succès, elles le favorisent.

Peut-être est-ce cette intime conviction qui manque à ceux qui pratiquent la cohabitation avant de se marier ?

En effet, il y a plus de divorces chez ceux qui ont cohabité que chez ceux qui se sont mariés directement. Si un amour, c'est d'abord un regard qui fascine, ou une taille, ou un torse qui fait rêver, qui fait frémir, il est nécessaire, avant de se lancer pour un long temps, de faire silence, de rassembler ses forces, ses énergies vitales, de se trouver soi-même avant de trouver l'autre. La vie à deux est une dynamique faite d'adaptations et d'ajustements permanents pour naître à une nouvelle vie, et l'amour tient une grande place dans cette renaissance annoncée. La vie à deux met bas les masques et fait tomber les maquillages. Chacun se dévoile, s'offre nu, dépouillé d'artifices, tant physiquement que moralement.

Le couple, c'est la révélation de l'autre et de soi, mais aussi le plaisir d'être ensemble !

Avec l'amour et la conviction qu'il faut que « ça marche », les limites et les incohérences de chacun peuvent être dites et partagées sans honte. La vie à deux devient un nid de travail intérieur sur soi-même où le plaisir d'être ensemble remplit le temps.

Les compromis, la souplesse sont indispensables. Projeter de vivre à deux puis à trois ou plus s'apparente au saut périlleux !...

Peut-être, mais on ne le pense pas, on ne le sent pas ainsi. On est poussé, propulsé vers l'autre. Pourquoi ? On ne le sait pas. Personne ne peut répondre à la question : « Pourquoi m'aimes-tu ? » Il n'en sortirait que des bribes de réponses désolantes. De même personne ne peut répondre à : « Pourquoi faites-vous des enfants ? » Cela nous dépasse.

Pour résumer, on pourrait dire . aimer, c'est créer de l'inconnu...

L'amour décuple nos possibilités. Il nous fait dépasser nos limites naturelles... naturellement, sans s'en rendre compte puisqu'on est porté hors de soi, vers l'autre à la fois fini et infini. Ce dépassement de l'être donne un sentiment presque religieux à l'amour. On pourrait dire : « J'aime donc je suis. » Ainsi, dans une soirée, on demandait à une jeune femme de mes amies : « Que fais-tu dans la vie ? — Ce que je fais ? Mais j'aime mon mari ! » On pourrait aussi citer une phrase d'un poème japonais : « L'être aimé est au-dedans de moi... comme Dieu pour les croyants. Et l'on rejoint le caractère unique, sauvage, sacré et mystérieux de l'amour. »

« Qu'est-ce donc que l'amour ? »

Personne n'a encore pu le dire... « Pourquoi toi et pourquoi moi ? » C'est l'autre qui permet d'accéder à sa véritable identité et réciproquement. Par l'amour chacun dépasse ses limites.

Comme chante Jacques Brel : « Il y a toi, il y a l'amour, il y a moi. » Je rajoute : il y a nous. La sexualité semble être un langage d'unité, de tendresse.

On pourrait citer saint Augustin : « L'amour est charnel jusque dans l'esprit, spirituel jusque dans la chair. » Le mariage inscrit l'amour dans la durée et c'est en cela qu'il est une force, une dynamique. Il faut du temps pour apprendre à s'aimer et à aimer.

De plus, l'acte sexuel engendre une dimension cosmique puisqu'il peut donner la vie. Le sexe seul, sans amour, ne suffit pas à donner cette sensation de plénitude. Le sexe seul donne du plaisir mais ne donne pas un sens à la vie. On le voit dans les films pornographiques où l'on fait sans amour des gestes de l'amour qui deviennent vite le frottement de deux épidermes animaux. La tendresse, l'admiration, l'intimité, le plaisir rendent l'amour érotique et contribuent à métamorphoser les êtres.

Que de poèmes, de chants lyriques ont exprimé cette ivresse de l'homme et de la femme qui s'aiment. Ne dit-on pas « le sacre du printemps » ?

Le printemps, la naissance, la résurrection après la mort... L'amour rejaillit comme une cascade rafraîchissante. Autour de lui il fait jaillir la vie... dans le secret des corps, dans le secret des cœurs. C'est l'amour fête... Alors tout ce qui participe à l'amour devient instrument d'amour : une promenade, une visite touristique, un repas partagé, un fou rire, etc.

C'est le bonheur, mais quelle fragilité... Plus on aime, plus on est vulnérable... Est-ce à dire que liberté et fidélité sont incompatibles ?

Seules deux libertés, deux différences entrelacées peuvent survivre à l'air du temps. Reprenons l'image du balancier. C'est grâce à une légère oscillation que l'équilibriste maîtrise son instabilité. Il ne peut « tenir » que dans le mouvement, même à peine perceptible. C'est cette oscillation qui permet l'équilibre et la stabilité. C'est grâce à elle qu'il avance. C'est grâce au mouvement continuel entre élans et perpétuelles réadaptations que le couple peut tenir et progresser. Ce mouvement, ce frémissement disent qu'il est vivant.

Si on voulait évoquer une pédagogie à l'amour, que pourrait-on dire ?

Il se prépare... dès l'enfance pour pouvoir quitter père et mère et s'attacher à sa femme, à son mari. Adultes, il serait souhaitable de prendre le temps de se trouver soi-même, de s'aimer soi-même pour pouvoir rencontrer l'autre dans sa profondeur. Laisser mûrir en soi le désir affiné par l'intuition. Être comme un radar qui capte la vraie vie. Ce sont des généralités : à chacun de les personnaliser.

Ce sera alors la jubilation de l'attente, de la rencontre, de l'espoir. Il faudrait redécouvrir les atouts de l'union durable. Vivre ensemble longtemps permet le dépassement du « moi ». Jaillit alors une expérience du Je tressée à deux et même à trois ou plus quand il y a des enfants.

Le plaisir sexuel n'est pas un but en soi. C'est la coupe de champagne qui accompagne la vie.

V.

LA FAMILLE ET SES QUESTIONS

Chacun à sa place ou le désir d'exister

D'où vient ce désir d'exister, ce besoin d'être reconnu qui s'impose à tous ?

GÉRARD SÉVÉRIN. — Je le redis : plus on est séparé, mieux on existe. Mieux on est détaché, différencié, mieux on existe. Je ne dis pas mieux on vit parce que être séparé peut être vécu d'une manière déchirante et on peut préférer vivre collé à ses parents ou dépendant.

Alors, qu'est-ce qu'exister ? Eh bien, exister c'est sortir, c'est être séparé, c'est naître.

Et cette existence, cette démarcation, cette « distinction » se constate dès la conception : la mère et l'embryon sont deux personnes distinctes : le fœtus « se » développe en elle. Il grandit. Il impose sa présence. Il gesticule. Il frappe du pied, etc. Son cœur n'a pas le même rythme que celui de sa mère. Son sang n'est pas forcément du même groupe ni de la même composition que celui de la mère. Il mange quand il en a besoin. Il prend ses repas « à la carte » ou plus précisément il mange quand il veut. Tout cela indépendamment de ce que veut sa mère. Il existe !

Bien sûr, l'œuf humain a besoin du ventre maternel, l'œuf humain qui n'a pas de coquille a besoin de l'utérus protecteur. Mais l'utérus et l'embryon sont différents. Celui-ci est entouré de membranes (enveloppe du placenta) qui sont de l'œuf fécondé qui s'est développé, en même temps que l'être vivant qui un jour va les perforer en naissant. Il résulte que lorsqu'on coupe le cordon ombilical[1], on ne sépare pas l'enfant de sa mère, mais on sépare le bébé-fœtus d'une partie de lui-même : le placenta, que les sages-femmes appellent « le délivre ».

Tout cela pour dire que, dès la conception et la vie utérine, le fœtus et la mère sont deux êtres distincts et nullement confondus.

Et pourtant, il en est tout autrement dans les fantasmes qu'exprime le langage courant : « Ah, dit-on, il n'a pas encore coupé le cordon ombilical, celui-là », pour dire qu'il est encore attaché à sa mère. La mère ne dit-elle pas : « C'est ma chair, mon sang, ma vie », montrant ainsi que son enfant et elle ne font qu'un ? Ce n'est pas exact.

Dans la même ligne, nombre de femmes qui ont vécu leur grossesse comme une longue réjouissance sont dépressives après l'accouchement. Bien sûr, il y a la fatigue, mais se révèle aussi une épreuve inconsciente qui est ici ravivée. Cette mère, avec la naissance de son enfant, a perdu quelque chose à quoi elle tenait comme, croit-elle, quelque chose d'elle-même. À présent, elle a un vide. Anatomiquement, elle se sent amoindrie et peut-être incomplète.

Oui, mais tout cela est imaginaire !

1. Cf. Bernard This, *Naître*, Aubier-Montaigne, 1972.

Sans doute, mais vous savez que l'imagination a une grande force sur notre manière de vivre personnelle et celle de notre entourage. Ainsi la conception de l'enfant, la vie de l'embryon sont-elles imaginées et parlées par les parents : « Ça y est, je suis prise, dit la femme qui attend vainement ses règles. Je suis tombée enceinte », puis : « Il me fait vomir. Il m'empêche de dormir, il me donne des coups de pied. Je le caresse. On écoute son cœur... » Le prénom est choisi, le sexe espéré, la couleur des cheveux et des yeux imaginée.

Il existe ! C'est quelqu'un déjà.

C'est quelqu'un et même plus : « C'est une fille », « Elle est chauve », « On ne voit pas ses yeux. »

Si ce n'est pas ce qu'on attendait ce peut être la catastrophe !

C'est dans cette « catastrophe », dans cette séparation d'avec ce que nous avons imaginé, rêvé, désiré de lui, que naît l'existence personnelle de l'enfant, de l'adulte. Il est déjà autonome : il ne correspond pas à notre souhait... Quelle chance pour lui si on le lui dit, si on l'encourage à être lui-même plutôt qu'on le rende coupable de nous avoir déçus. « Je t'attendais avec des yeux bleus, garçon, blondinet... et voilà que tu es une belle petite fille rousse ! Tu nous fais une drôle de surprise ! Ne t'inquiète pas, on t'aime déjà. Tu es belle, tu réussiras ta vie, j'en suis sûr(e) ! Je t'aime... »

Ne vaut-il pas mieux des parents qui n'attendent rien ? Indifférents ?

Vous comprenez que si les parents n'attendent pas cet enfant, s'ils ne l'imaginent pas, ne le rêvent pas, n'en parlent pas, il naît alors comme sort un excrément. Certaines mères parlent plus de leurs vomissements, de leur diarrhée, de leur constipation que de leur enfant. D'ailleurs n'est-ce pas ces ennuis « purement » organiques qui intéressent d'abord le médecin ou le gynécologue ? Cet enfant est alors comme un déchet dont il faut se débarrasser, se délivrer, qu'il faut expulser (ne parle-t-on pas d'expulsion plutôt que de naissance dans les maternités !). Il n'y a pas alors de coupure avec quelqu'un mais on se sépare de quelque chose d'encombrant, d'un paquet qu'il faut déposer ou évacuer.

Si donc chez les parents il n'y a ni désir, ni projet, ni parole, ni attente, il n'y aura pas de rupture et par conséquent chez l'enfant, au moins au début de sa vie, pas grande soif d'existence.

Bien sûr, je parle ici de l'inconscient. La conception de l'enfant relève beaucoup du langage de l'inconscient. En effet, il y a bien des parents déçus qu'un enfant se présente à leur foyer... Ce qui ne veut pas dire du tout qu'ils ne le parlent pas, qu'ils ne le désirent pas inconsciemment. Ils l'adoptent consciemment plus tard.

Si donc cet enfant ne ressent pour lui aucun projet, aucune attente, ni, à un certain moment, adoption, il n'a pas envie d'exister, il n'a pas de possibilité d'exister. L'enfant se sent de trop. Et il prend déjà dans la société une place de laissé-pour-compte.

Peut-être revendiquera-t-il sa place, plus tard, pour être quelqu'un dont on tiendra compte ?

Oui, plus tard il trouvera peut-être sa place, deviendra malfaiteur ou meurtrier, déchet de la société comme au jour de sa naissance. Il obéira encore ainsi à ses parents, tenant la place qu'ils lui ont assignée.

Mais l'attitude contraire à ce rejet aurait les mêmes résultats.

En effet, l'enfant qui comble ses parents ne peut exister pour lui-même :

« Cet enfant est tout moi », dit le père.

« C'est ma vie », dit la mère.

« Il sera notre bâton de vieillesse... »

« Il sera militaire, c'est la tradition dans la famille... »

Et voilà l'enfant possédé. Conjoint artificiel de sa mère, soutien forcé du père, il devient bouche-trou. L'enfant n'a d'autre utilité que de combler une place vide mais qui n'est pas la sienne. Le sens de sa vie lui est donc notifié d'abord par ses parents pour les satisfaire. Ce n'est que plus tard qu'il pourra s'en libérer.

Cette manière d'être se rencontre plus souvent entre une mère et son fils. Le père se récupère d'une autre manière. Surtout quand la mère est veuve. Veuve de fait, par la mort de son mari ou veuve de cœur par le divorce ou l'indifférence quotidienne qui l'entoure parce que le mari ne lui porte pas d'intérêt ou est lui-même prisonnier de son travail ou d'une autre occupation, ou prisonnier de lui-même. Il est absent de sa femme.

À défaut de mari présent, ces mères tissent souvent une toile pour garder leur enfant. Soucieuses de son avenir,

elles surveillent les corps de l'autre sexe qui passent dans les parages. Et si cet enfant doit être bâton de vieillesse ou successeur, héritier du père, ils s'y mettent à deux pour le garder ; il faudra de plus que le futur gendre ou la future bru plaise !

Combien d'adolescents ainsi coincés choisissent inconsciemment la fugue, la délinquance. Ils sont impuissants au travail parce que leurs pulsions prégénitales sont confisquées dans le désir incestueux de leurs parents. Le travail leur devient un fardeau car il n'a de sens que pour faire plaisir à leur mère... ou à leur père. Ce qui m'apparaît, là encore, bien incestueux, car, qui doit faire plaisir à la femme, si ce n'est le mari, et non le fils ? Même chose pour le mari : c'est la femme qui doit lui faire plaisir et non la fille ! Que le travail de leur enfant fasse plaisir aux parents, c'est bien légitime... mais que l'enfant travaille pour ce plaisir, voilà qui est aberrant. Il travaille pour devenir adulte, c'est-à-dire autonome, pour qu'il puisse se passer de ses parents pour exister. Voilà une séparation majeure.

Fuguer, voler sont différentes manières de se séparer !

D'essayer de se séparer, de vivre hors la loi... des parents, en mauvais garçon peut-être mais en garçon quand même ! En fille perdue, mais en fille quand même. Ou bien ces jeunes ou ces adultes prennent des échappatoires pour fuir... et ils détruisent leur corps par l'alcool, la drogue, le suicide ou le sexe.

Ils maudissent leur père absent qui ne les a pas « séparés » de leur mère. Ils maudissent en eux, en leur corps, le futur père qu'ils pourraient être et... leur future progéniture est rejetée d'avance... Peut-être leur arrive-t-il, dans une poussée de virilité dérisoire, de prendre plaisir à violer les filles qu'ils ne peuvent aimer. Ils ne peuvent beaucoup exister.

D'autres, dans une poussée de tendresse et de sexualité non différenciée, élisent un objet sexuel dans un autre garçon dont ils s'éprennent en miroir. Dans ce troc réussi, ils peuvent enfin larguer leur mère placentaire.

Cela pour vous dire qu'avant d'être né, l'enfant est donc déjà pensé, imaginé, rêvé et parlé ou ignoré ou parasité par ceux qui l'attendent. L'enfant est pris dans le réseau des désirs ou des non-désirs et dans le réseau du langage.

C'est le désir des parents accompagné de paroles qui, malgré les parents, sans qu'ils le sachent bien souvent, va structurer l'enfant sans que ce dernier puisse s'en défendre.

Telle la limaille attirée par l'aimant, ainsi l'enfant se modèle sur l'idée ou les désirs des parents.

Pouvez-vous illustrer cette affirmation ?

Dominique est mutique ; elle suce son pouce qui l'empêche de sortir un mot de sa bouche. Dominique ne parle pas. Dominique ne dit rien car cette enfant ne sait pas son sexe. Elle ne sait pas que ses parents, après un avortement provoqué qui a éliminé un fœtus mâle-Dominique, ses parents donc ne se sont pas dit leur déception du sexe féminin de Dominique. Ils ne savent pas qu'ils sont déçus de ce sexe... C'est tellement refoulé en eux.

Dominique, elle, de ce fait, ne sait pas si sa parole sera celle d'un garçon ou celle d'une fille ou d'un fœtus avorté... Quelle place est réservée à cette enfant ? Garçon ? Fille ? Ou remplaçante d'un fœtus mort ?

Le nouveau-né pose ces questions : « Qui suis-je pour vous, parents ? Prolongement de votre corps ? Objet qui achève, qui complète votre personnalité ? Corps conçu pour masquer vos conflits conjugaux, pour remplacer un défunt, un avortement ? Où est ma place en dehors de vous, parents ? Ma place de personne unique, séparée de vous, du fait de mon sexe et de ma parole, même si elle est encore silencieuse... ? »

Le jour où Dominique a pris à son compte son histoire,

le jour où Dominique a pu se formuler : « S'ils voulaient un garçon, ils n'avaient qu'à le faire. Moi, je suis une fille et une fille vivante », ce jour-là, Dominique a existé avec son sexe et sa parole à elle, séparée de ses parents.

Car, si l'enfant est pris dans le réseau de la parole, des rêves, des désirs des parents et qu'il s'y structure pour exister, il doit ensuite s'en séparer pour pouvoir dire et vivre son désir sans que cela devienne un drame pour les parents. Sinon beaucoup renoncent à prendre leur envol et préfèrent vivoter ou rester dépressifs.

Car c'est la parole juste, le verbe vrai qui libère, qui sépare. Ce n'est que le jour où un enfant mal venu dans une famille pourra parler, qu'il cessera d'être victime. Il découvrira, avec l'aide d'un adulte sans doute, la place que ses parents lui faisaient, et, par sa parole, il pourra se promouvoir unique, tout autre. Existant et reconnu pour lui-même.

À quoi sert la famille ?

Fonder une famille, c'est la fin d'un monde et le début d'un autre : on change d'identité. L'homme devient père. La femme devient mère. C'est une nouvelle vie. Qui dit famille dit enfant.

GÉRARD SÉVÉRIN. — Si un couple a plusieurs enfants, la famille devient l'endroit où se vivent les passions, l'amour et la haine, et où se canalisent les pulsions. On se laisse écraser par ses frères et sœurs, ou bien on se fait sa place.

Le jeune couple après avoir pris le temps de vivre à deux, de s'offrir un duo amoureux éprouve l'envie de se perpétuer, de donner la vie. Pourquoi ?

C'est souvent irrationnel. C'est plus fort que soi ! Combien d'oublis de pilule, de préservatif, de confusions de dates disent le désir, souvent inconscient, d'avoir un enfant. Est-ce une envie d'éternité dont l'enfant serait l'expression ?

En lui, ils seront indissolublement unis.

C'est vrai que l'enfant est le fruit d'un désir, d'un amour partagé. Et quand on le supprime par un avortement provoqué, le couple en est souvent blessé : le signe de leurs étreintes est rejeté ! En se donnant l'un à l'autre, ils créent : ils font leur amour, ils se créent. Ils créent un enfant. Et cet enfant leur ouvre un autre monde. Ils vivent le « Je te fais plaisir, tu me fais plaisir, on se fait plaisir », et ils débouchent sur un inconnu, fragile et tendre. Ils s'aiment et trouvent un tout autre à aimer.

L'amour, quelle surprise !

Avec la naissance de leur enfant, les jeunes parents découvrent une autre dimension à la vie, à leur personnalité. Ils deviennent père et mère et quittent pour toujours l'adolescence. Ils vont se sentir devenir de plus en plus responsables. Un nouvel équilibre est à trouver.

La naissance de leur enfant est en quelque sorte une naissance pour eux aussi.

Ils vont vivre la dimension du don, du dépassement dans le quotidien, dans le tracas routinier. Ils vont aimer dans les petits détails modestes, ordinaires. Ils vont aussi trouver à s'émerveiller devant une intelligence qui s'éveille, le plaisir de nourrir, d'éduquer, de câliner dans des moments de joie sans cesse renouvelés.

Mais, vous le savez, la vie n'est pas toujours facile. Les parents n'ont pas toujours l'entrain nécessaire, ni l'envie...

Il va de soi que pour préparer cette aventure heureuse de la vie de l'enfant, les parents vont lui réserver du temps et leur présence pour l'y aider. Une mère « sacrifiée » ou un père exaspéré ne seront qu'agressifs dans les soins apportés à leur petit.

En revanche, les parents qui vivent leur vie, font ce qu'ils ont à faire, et qui ont donné un sens à leur vie, seront le mieux à même d'« élever » leur enfant.

Dès sa naissance, mieux, dès sa conception, un être humain a droit au respect et à l'amour. Mais pour pouvoir lui en témoigner il est impératif que ses parents se sentent encore, après une journée de travail, humains et considérés.

Le père aura des moments de présence avec son enfant. Par le jeu, par ses paroles, en restant seul à seul avec lui, il lui donnera une autre image que celle de la mère. Un petit garçon surtout a besoin de se retrouver en particulier avec son père, de partir se promener avec lui. « Entre hommes », ils peuvent être heureux, complices. En tout cas, le petit garçon en sera très fier.

Être parents se découvre peu à peu. Les enfants éduquent les parents ?

C'est un échange. Mais le bonheur d'être père et mère peut apparaître hors de portée surtout en ville. De loin, la vie citadine semble facile. En fait, il n'y a pas de place pour l'enfant... Il est de trop partout, même sur les passages cloutés ! Cependant, chacun va essayer d'« élever » son enfant comme il peut, comme il est, avec ses qualités et ses handicaps.

Dès lors, pourquoi se soucier des progrès, des degrés d'évolution du tout-petit ?

L'important est que les parents établissent une bonne relation entre eux et avec leur enfant. Quand on est aimé, on croit en soi et on démarre vers la vie et vers son autonomie. Les parents qui font ce qu'ils peuvent sans être fixés sur leur bébé, sans l'avoir toujours à l'œil, l'aident à grandir.

La meilleure chance d'un enfant est de vivre avec des parents heureux en couple...

L'enfant a une grande place dans la famille mais il ne peut avoir toute la place. Ce serait malfaisant pour lui. Il deviendrait une idole. Ce n'est pas l'enfant qui est le centre mais le couple.

Mais s'il a une mère célibataire... On en rencontre de plus en plus... ?

C'est important qu'elle soit axée sur une autre visée. Si elle aime son travail, si son cœur est pris par un autre homme, c'est une chance pour l'enfant car il pourra mieux trouver son espace et souffler un peu. Si l'enfant est responsable de toutes les dynamiques de la vie de ses parents, s'ils ont besoin de lui pour vivre, quelle angoisse pour ce petit ! Le voilà bouche-trou, et un enfant ne peut satisfaire complètement un adulte. Ce serait une espèce d'inceste. Un enfant ne peut combler un couple.

Certes, c'est une aubaine pour l'enfant que de procurer du bonheur autour de lui, mais je dis que l'enfant ne peut être le centre ou l'essentiel de la vie des parents. Je souhaite qu'il n'y ait pas que l'enfant qui les fasse vivre, que les parents aient d'autres centres d'intérêt que lui.

J'ajoute que surtout le garçon a besoin d'un père

présent, actif, qui lui parle, sur lequel il bute. En effet, un garçon ne rencontre pratiquement jamais d'homme dans sa petite enfance : à la crèche, il est en présence de puéricultrices, d'éducatrices, d'auxiliaires féminines. À la maternelle, il est pris en main par des maîtresses puis par des institutrices en primaire. Il lui faut attendre l'adolescence pour avoir des professeurs masculins. C'est bien tard. Les filles trouvent très tôt des modèles de leur sexe. C'est pourquoi je plaide pour que les garçons côtoient un père à la maison ou, un oncle, un ami. Un homme qui les « élève », les éduque.

Éduquer

Freud disait qu'il existe trois métiers impossibles : le métier de chef d'État, le métier de psychanalyste et le métier de parents, ou d'éducateurs.

GÉRARD SÉVÉRIN. — Peu souhaitent pratiquer les deux premiers, intéressons-nous au dernier ! Qu'est-ce qu'éduquer ?

Il y a quelques années, nous avons vu à la télévision des enfants iraniens combattre pour l'imam Khomeyni et pour leur pays. Ces enfants avaient été éduqués à bien combattre, à combattre avec foi, à mourir pour leur idéal.

Certains vous diront : « Pas du tout ! Ils ont été conditionnés à agir ainsi par la propagande, par le rabâchage de leur télévision nationale. »

Peut-être, mais, comme ces jeunes ne le savent pas, ils se croient libres. Ils sont donc bien « éduqués » : à l'aise dans leur peau, à l'aise dans leur pays.

D'ailleurs, n'est-ce pas ainsi que bien souvent nous agissons ? Nous rabâchons. Nous redisons ce que nous voyons à la télé (« Lave-toi les dents avec un détartrant !

Sois un battant ! Aie ton linge plus blanc !...), nous répétons ce que nous lisons dans les magazines, ce que nous entendons à une conférence.

À force, par exemple, d'entendre parler de cohabitation avant le mariage, à force d'en voir, nous finissons par nous dire puis par leur dire : « Ce n'est pas si mal ! Ce n'est pas mal. Il vous faudrait tenter l'expérience, mes enfants ! »

Je ne dis pas d'être pour ou contre la cohabitation avant le mariage ou la virginité, ou les examens et les grades... Je veux dire que, souvent, nous éduquons nos enfants pour les rendre conformes à une culture, à un air du temps, à une mode.

Ainsi, dans notre société d'économie et de haute technicité, nous incitons nos enfants à acquérir des diplômes, de la technicité, des métiers ou des professions qui « rapportent ». Quelle n'est pas notre angoisse quand ils nous ramènent un mauvais carnet ou qu'ils amorcent une anorexie scolaire. Plus ils seront conformes à cette société avec titres, grades, certificats et professions lucratives, mieux nous les trouverons éduqués, adaptés.

Mais alors, que serait-ce éduquer ? Éduquer, c'est conduire l'enfant. Mais vers quoi ?

Il me semble que c'est conduire l'enfant vers... lui. C'est donner la force à l'enfant, à l'adolescent de se rencontrer. C'est l'éveiller à son désir. C'est l'aider à s'ouvrir à sa vie, à devenir ce qu'il est et à être fidèle à lui. Un jeune qui aura foi en lui pourra avoir confiance dans les autres.

Bien sûr qu'au petit, les parents servent de modèle. Ils vont lui donner aussi le meilleur d'eux-mêmes pour sa vie physique, psychique et spirituelle. Bien sûr que l'enfant va dépendre d'eux et de leurs conseils. Mais un jour le jeune aura à naître à nouveau. Il aura à se séparer de tout, même de l'idéal qu'on lui aura fait miroiter. Il avancera, dans la vie, seul peut-être et désarmé. Il s'aventurera vers ce qu'il croit vraiment devoir faire, peut-être dans la détresse et la peur.

Pour ce faire... Si nous aidions l'enfant à découvrir ses propres sentiments, ses amours à lui, sans être en faute vis-à-vis de nous, ses parents. Si on lui faisait confiance. Si on le laissait, par exemple, aimer son institutrice que nous n'apprécions pas...

Si nous patientions, avant de l'obliger à apprendre à écrire, qu'il ait envie d'envoyer une carte postale à sa grand-mère...

Si nous osions approuver notre adolescent pour ses « fautes », celles que l'auteur est à même de justifier avec sa logique personnelle...

Si nous l'accompagnions quand il n'y voit plus clair dans sa vie, ses amours ou son avenir sans l'accabler ou penser à sa place...

Il vivrait alors de foi... en lui et dans les autres.

Voilà qui aiderait le jeune à se rencontrer pour aller vers sa vie, vers celle des autres, plus libre, plus croyant.

Dans la ligne de ce que vous dites, éduquer, c'est aussi donner à l'enfant, au jeune, un sens et une loi.

C'est aider l'enfant à découvrir le sens de sa vie. Pour être humain, il nous faut un sens. On ne peut pas vivre en homme si « ça n'a pas de sens ».

Comment faire ?

Que les parents donnent un sens veut dire d'abord que les parents parlent à leur enfant dès sa naissance, dès la première journée. Ils lui donneront ainsi le sens des premiers jours de son histoire en lui racontant grossesse et naissance.

Beaucoup estiment que le bébé ne comprend rien !

Il comprend tout ce qui touche à sa vie. À sa naissance, lui dire sa place dans le couple : « Ta mère et moi nous t'attendions. » Le séparer ainsi d'une confusion mère-enfant. Nos rêves sont hantés bien souvent par ces minutes originelles et par ce qui a été dit ou tu à cet instant-là.

Parler à l'enfant de tout ?

Lui dire avec vos mots à vous ce qui va lui arriver, ce qu'il entend, ce qu'on lui prépare : biberon, crèche, entrée en classe, déménagement, arrivée du puîné (que votre enfant ait quatre mois ou dix ans)... L'enfant sent que sa mère est enceinte... sent que sa mère s'est fait avorter ou a subi une fausse couche (« on attendait un autre bébé que toi et il est mort avant de naître » ou bien : « on l'a fait partir avant qu'il vienne au monde... mais toi, on t'aime, tu n'y es pour rien, ce n'est pas de ta faute »). Tout ceci fait sens pour l'enfant.

L'enfant ressent avec angoisse dans son cœur, dans ses intestins, son estomac, ses viscères ce qui n'est pas dit et qui le touche : si un événement se présente et qu'il n'en connaît pas le sens. C'est angoissant pour lui.

Je pense à l'histoire d'un client : sa mère est enceinte quand a il trois mois. Perturbé, il devient anorexique, pleure pour qu'on s'occupe de lui. Aujourd'hui, adulte, il vient de se rendre compte que dans sa vie il n'y a pas de place pour deux : si un domaine est pris par quelqu'un de sa famille, il n'y a pas de place pour lui, croit-il... Les parents doivent donner un sens à la naissance du petit frère : « tu as toute ta place et ton frère est à sa place. Et tu continues à avoir ton père et ta mère pour toi. Bien sûr, on aura moins de temps pour toi mais on ne t'abandonne pas. On t'aime. Et on aimera aussi ton frère. »

Combien de maladies nerveuses en moins, de maladies psychosomatiques seraient évitées si on se parlait de l'essentiel et du quotidien... S'il vomit, on pense qu'il a mangé trop de chocolat ! Peut-être a-t-il aussi bien des choses sur l'estomac. Il a mal au cœur... Peut-être aussi a-t-il des choses sur le cœur.

Si ces choses étaient racontées, elles sortiraient de lui par les paroles. Il ne les vivrait plus dans son corps.

Pour qu'un problème soit neutralisé, il faut qu'il passe par la bouche !

Le découvrir avec l'enfant, le parler, chercher avec lui et donner une explication, un sens.

Dire aussi à l'enfant de quel sexe il est, ce qui, du même coup, donne un sens à son corps d'enfant. « Tu es un garçon comme ton papa, tu as un sexe comme le sien, qui grandira... » « Tu es une fille comme moi... Tu auras des seins quand tu seras plus grande et tu pourras aussi avoir des enfants avec l'homme que tu aimeras... C'est comme ça qu'on continue... »

En effet, la vie sexuelle ne constitue pas un domaine à part. Au contraire, cette découverte que fait l'enfant, selon son âge, puis l'adolescent sur son sexe, sa conception, sa naissance, sa place dans le couple, est le commencement d'une longue curiosité et d'une perpétuelle recherche. Il ira au fond des choses sans se contenter de frivolités.

Nous autres parents, il nous a fallu apprendre à l'école, par les camarades...

Nous serions tentés de laisser faire en fermant les yeux. Souvenons-nous qu'enfants nous aurions été contents de parler de « ces choses » avec un adulte.

Que dire au petit, à l'adolescent ? Faut-il attendre les questions ?

Si vous attendez, vous pourrez attendre souvent longtemps. L'enfant, sentant votre gêne, n'osera pas s'exprimer.

Mais, déjà, ne pas condamner le geste de l'enfant qui se touche le sexe. S'il se déculotte ou se masturbe : « Va dans ta chambre, les WC, pas ici devant tout le monde. » Nommez son sexe : pénis, vulve, zizi de garçon, zizi de fille ou robinet. Chaque famille peut avoir ses noms, mais pourquoi ne pas utiliser les mots justes : vulve, vagin ou pénis. L'important est de nommer, de donner un nom, sinon, pour l'enfant, ça n'existe pas clairement. « Lave-toi bien le pénis ou la vulve », et non : « Lave-toi bien le bas ou le devant », qui ne différencie pas le garçon et la fille.

Vous savez, quand on était enfant, à la maison, on ne disait rien de tout cela... et les gens de ma génération ont bien réussi !

C'est vrai ! Mais, nous pouvons améliorer aujourd'hui cette situation. Pourquoi interdire à nos enfants d'en savoir plus que nous ?

C'est pourquoi j'invite les parents à parler à leurs enfants, c'est-à-dire à donner un sens à ce qu'ils vivent et, quand ils grandissent, à dégager, avec eux, un sens.

Par exemple, pour donner sens à leur sexualité, nous pourrions réaliser un arbre généalogique : on ne se marie pas avec ceux de la famille. Combien d'enfants qui arrivent chez moi et qui ne savent pas qu'on ne se marie pas avec son père ou sa mère, qu'on n'a pas de jeux sexuels à avoir avec son frère ou sa sœur. Avec des copains et des copines, oui.

Quand ils grandissent, il y a le « problème » de la masturbation : « Ça te fera bien du plaisir de te toucher le sexe, mais c'est tellement plus formidable avec un autre, une autre. » C'est tellement mieux de vivre avec les autres qu'en circuit fermé. Il y a de la parole, de la réalité et pas seulement de l'imagination, de la rêverie. La vie sexuelle, c'est pour communiquer avec les autres.

Donner un sens pour plus de plaisir, plus de joies, plus d'amour, plus de communication : « Quand tu coucheras avec un garçon ou une fille, que ce soit par amour et non par curiosité ou pour faire comme les autres — ou par curiosité si c'est votre valeur de vie, — c'est-à-dire donner un sens… Leur permettre de rêver leur vie, de faire des projets… d'imaginer un sens, puis de vivre leur propre sens à eux…

Vous savez qu'il ne suffit plus de savoir compter, il faut se faire une place au soleil, faire des maths, élémentaires, supérieures, spéciales, informatique, électronique… Se faire une place au soleil, mais quelle place pour réussir sa vie ? Un enfant paresseux ne se sent peut-être pas à sa place. Peut-être que les parents se plaignent toujours.

Peut-être qu'à l'enfant paresseux on transmet de l'angoisse sans désir ?

Le plus important, c'est que l'éducateur, les parents aient un désir, un élan, une satisfaction, qu'ils soient en marche, qu'ils connaissent une passion pour être passionnants.

Si les enfants ont des parents, des professeurs froids, aseptisés, qui ne montrent pas leurs sentiments ou leurs goûts ou leurs révoltes, ils vont avoir des enfants pasteurisés, stériles. Contaminez vos enfants de vos passions, sinon ils risquent d'être désabusés, indifférents. Si vous ne vibrez pas, ils ne vibreront pas. Si vous aimez les voyages, la musique, que les enfants connaissent vos passions. Si vous aimez la cuisine, qu'ils n'ignorent pas l'intérêt que vous y portez. Qu'ils sachent encore votre amour pour votre mari, votre femme, votre dévouement à une association, à un parti, à un syndicat, votre foi. En un mot, votre réponse à la vie. Voilà le moteur de vos enfants.

Mais, joint à l'élan, l'éducateur donnera une discipline. Le désir seul détruit. Il a besoin de loi. Le désir seul se répand. Il lui faut des barrages. Pour faire de l'informatique, pour devenir astrophysicien, médecin ou instituteur, il faut apprendre. Et pour cela, il faut un souffle intérieur et aussi une discipline de vie.

Il faut donc parler à l'enfant pour lui donner le sens de ce qu'il ressent, de ce qui lui arrive. Il faut aussi parler pour lui montrer ce qui anime notre vie.

Oui, les parents vont transmettre à l'enfant leurs valeurs puis, lui permettront, devenu adolescent, d'en choisir d'autres, comme la liberté, la solidarité, l'aventure, etc.

Dire sa foi

Sous prétexte de ne pas influencer leur enfant, certains parents ne veulent pas lui parler de la foi ni de Dieu. Ils veulent le laisser libre. Plus tard, pensent-ils, il pourra ainsi choisir « librement ».

GÉRARD SÉVÉRIN. — D'abord, la foi, cela n'existe pas : on croit ! tout comme l'amour, cela n'existe pas : on aime ! La liberté, cela n'existe pas : on se libère ! L'amour, la liberté, la foi, etc. sont des commodités de langage.

Alors, avoir la foi, c'est croire que notre vie a un sens qui n'en finit pas de se donner. Mais quel sens ?... Chacun d'entre nous, parents, grands-parents, éducateurs — athées ou croyants —, nous avons notre propre réponse à apporter à la vie et à cette question.

Si vous croyez à l'argent ou aux reflets des vitrines, pourquoi ne pas le dire à votre enfant ? Si vous espérez des « lendemains épiques » ou des « étoiles nouvelles », avertissez votre enfant. Si vous êtes convaincus qu'après la mort, ça continue, qu'il le sache. Si vous misez sur plus de justice, plus de fraternité, apprenez-le-lui. Si c'est Jésus votre horizon et votre ami, ne le lui cachez pas ! Ne lui cachez pas non plus vos doutes.

Peut-on « élever » un enfant sans lui faire part du sens de notre vie et sans lui dire vers quoi nous tendons ?

Non, bien sûr. Lui révéler notre but, ce n'est pas fixer le sien. C'est le mettre en route. N'oublions pas que les adultes, et surtout les parents, servent de modèle au petit et qu'il se bâtit sur notre désir.

Certains parents donc attendent « plus tard »... Et « plus tard » arrive sans forme, sans itinéraire. On n'« élève » pas un enfant en ne lui apportant rien. « Élever » un enfant, c'est l'aider à avoir les pieds sur terre et à lever la tête vers les étoiles. Quand il deviendra adolescent, puis quand il sera « grand », il changera d'étoile. Avec notre aide peut-être cherchera-t-il son destin, découvrira-t-il sa chance, son avenir. Il osera devenir « lui-même » malgré tout et tous. Unique.

En attendant, le petit enfant rencontre la vie quotidienne qui se dresse au-dessus de lui : la tête de ses parents, de sa maîtresse, le sommet des arbres, les tours des grands ensembles. Il se rend compte de sa petitesse et l'admet.

Puis il découvre le soleil, le ciel, le vent. Il décèle ce qui est au-dessus de tout pouvoir humain. Il sent qu'il n'est pas tout-puissant. Il découvre que les adultes qui l'entourent ne le sont pas non plus. Bientôt, il comprend que certains domaines le dépassent.

En fait, l'enfant rencontre et se pose les questions auxquelles les religions répondent. « Papa, qui a fabriqué le soleil ? » Si vous êtes croyant, vous donnerez votre explication ou celle de votre Église. Si vous ne l'êtes pas, vous pourrez lui dire : « Je ne sais pas. Quand tu seras grand, peut-être le sauras-tu. Tu me le diras alors. »

L'important n'est-il pas que les adultes expriment le plus justement possible ce qu'ils pensent, croient ou estiment vrai ? Qu'ils permettent aussi aux enfants de poser des questions et de se poser des questions. D'ailleurs, si les parents disaient tout haut leurs interrogations, les enfants, désarçonnés dans un premier temps, seraient alertés et se mettraient à chercher.

En effet, trop souvent, au lieu de l'accompagner dans son parcours, nous donnons nos réponses à l'enfant avant qu'il ne se pose les questions. Avons-nous peur qu'il ne pense pas comme nous ? Voilà qui éteint toute curiosité. C'est du gavage ! Et le gavage provoque le rejet. Je me souviens d'une téléspectatrice révoltée parce qu'elle avait lu sur son écran — il s'agissait du saint suaire de Turin : « Les catholiques peuvent ne pas y croire. » « Non seulement, s'écriait-elle, on nous dit ce qu'il faut croire mais même ce qu'on peut ne pas croire ! »

Sans donc aller jusqu'à dire : « Venez à moi, j'ai toutes les réponses ! », les parents pourraient dire ce qu'ils croient et en quoi ils espèrent. L'enfant a besoin de ces repères pour les contourner ou s'élever. Mener sa vie...

Dites vos projets, vos désirs comme ceux que vous aimeriez peut-être pour eux : métier, orientation, notes scolaires. Permettez à vos enfants de vous dépasser : « J'espère que tu sauras mieux dessiner que moi », « J'étais nul en maths, mais toi tu feras mieux que moi. »

Les parents peuvent-ils montrer leurs déficiences ? Est-ce éducatif ?

Il est des parents qui ont toujours raison, des professeurs qui croient que, devant les élèves, il ne faut jamais avoir tort. Les enfants sentent les adultes qui interdisent de les dépasser... de faire mieux, d'en savoir plus.

À partir du sens et du désir des parents, les enfants peuvent se situer. Ils peuvent obéir. Ils peuvent désobéir. Chaque parent sait que l'enfant puis le jeune passe son temps à user notre autorité. Et, à force de l'user, il n'en reste plus ! Alors, il devient père et mère de lui-même. Autonome pour la vie.

S'il n'y a jamais de stops, l'enfant se répandra. S'il n'y a jamais de barrières, jamais il ne saura ses limites.

Loi et discipline signifient donc barrage au désir.

Oui, mais c'est ainsi que le désir monte et prend de la force. Cela donne des artistes, des compétences, de la joie.

Je dirai, pour conclure : « Résistez pour qu'ils soient résistants » et j'ajouterai ces quelques mots de Jean Rostand :

> « Former les esprits sans les conformer.
> Les enrichir sans les endoctriner.
> Les armer sans les enrôler.
> Leur donner le meilleur de soi-même,
> sans attendre ce salaire
> qui est la ressemblance. »

Parler au fœtus

C'est prouvé. Déjà, avant sa naissance, nous pouvons communiquer avec le fœtus.

GÉRARD SÉVÉRIN. — Des micros-émetteurs placés dans le ventre de la mère nous font entendre le remue-ménage qui entoure le fœtus et les « orages » des intestins de sa maman, les changements de cadence de son cœur, etc. Naturellement, ces sons lui arrivent assourdis par le liquide amniotique. Mais nous savons de plus que les bruits qui nous entourent lui parviennent aussi. Les sons extérieurs arrivent aux micros-émetteurs toujours placés dans l'utérus. Le rugissement de votre aspirateur, le vrombissement d'un avion, les éclats de voix de votre entourage inondent l'embryon et le touchent, de même la douceur d'une musique.

Certains diront : « Bravo pour les micros-émetteurs : ils perçoivent les sons ou les restituent ! Mais qui dit que le petit fœtus « entend » quelque chose ? »

Marie-Claire Busnel, chercheur en physiologie acoustique au CNRS explique[1] que, dès cinq mois, le fœtus peut

1. *Cahiers du nouveau-né*, n° 5, et conférence à l'EPCI, 1991.

distinguer le son qui vient de l'intérieur et celui qui vient de l'extérieur du corps de sa mère. Elle démontre aussi qu'il fait la différence entre ba-bi et bi-ba. Il a fallu une année d'expérimentation pour prouver que le fœtus pouvait décoder cette finesse. Notre chercheur explique que toutes les musiques calment le fœtus mais que ce sont les berceuses indiennes les championnes de la sérénité ; arrivent en deuxième position le chant grégorien et, en dernière, nos berceuses françaises.

Où voulez-vous en venir ?

Allons plus loin. Le « bébé » perçoit très bien les paroles intérieures que sa mère lui adresse. Il devine son angoisse et sa joie. Françoise Dolto m'a raconté qu'à propos d'un bébé qui louchait, elle a demandé à sa mère : « Que s'est-il passé tandis que vous étiez enceinte de trois mois, trois mois et demi ? » À cette époque, en effet, se forment les paires auditives et visuelles. Et la mère a raconté ses graves difficultés de l'époque avec son compagnon, si graves qu'elle avait pensé se séparer de son ami et provoquer un avortement. « Quand ces événements ont été restitués au nourrisson, il n'a plus louché », m'a confié Françoise Dolto.

C'est dire qu'à cet âge le fœtus comprend ce qui le touche. Les mères le savent d'intuition, qui parlent à leur enfant d'une parole intérieure et peuvent ainsi le calmer et le rassurer.

Il me semble alors qu'une femme qui envisage une IVG devrait en parler à son fœtus. Beaucoup diront peut-être : « Mais vous voulez culpabiliser la mère ! C'est inhumain ! » Peut-être la mère se sentira-t-elle coupable ou… plus responsable. Peut-être sera-ce difficile pour elle. Mais pensons à ce petit de deux mois, deux mois et demi, nous pouvons être humains envers lui et lui dire ce qui l'attend au lieu de le laisser sans paroles dans l'angoisse car le fœtus sent l'angoisse et les menaces : nous les retrouvons en psychanalyse. Parlons-lui. Il y a droit. Il n'est pas une chose mais un petit d'homme qui comprend. C'est une démarche difficile. Mais la mère en sortira grandie d'avoir conversé ainsi avec cet être niché au fond d'elle-même plutôt que de faire « ça » à la sauvette, sans paroles, sans humanité pour lui ni pour elle.

Avorter ?

De plus, fausses couches ou avortements ne sont pas sans conséquences sur les autres enfants.

GÉRARD SÉVÉRIN. — En effet, voici un exemple. Chaque nuit, depuis neuf ans, Sylvie urine au lit. Cela la gêne beaucoup : elle ne peut quitter la maison. Même pour une nuit. Pas de colonie de vacances, pas de visite chez les cousins. Le père et la mère sont agacés et chagrinés. Honteux aussi à cause du handicap de leur fille. Ils voudraient comprendre...

Ils m'expliquent qu'après quatre filles est revenue une nouvelle grossesse et qu'il a « fallu » faire un avortement. Or, c'était un garçon !... Le garçon tant désiré ! Ç'a été la consternation. La mère, des mois durant, a été démoralisée, abattue. Puis est venu le remords... « À la fin, on a mis en route un autre enfant pour remplacer celui qu'on avait fait partir et que l'on regrettait. Sylvie est arrivée. »

Bien sûr, les parents n'ont rien dit à leur fille de cette histoire ni de l'IVG qui avait précédé la naissance. Cette idée ne leur est même pas venue à l'esprit ! C'était d'ailleurs bien difficile d'en faire la révélation. Et pourtant...

Sur ma proposition, les parents ont expliqué à Sylvie qu'elle n'était pas la cinquième mais la sixième et qu'elle n'avait donc pas à remplacer quelqu'un : elle avait « sa » place de fille. L'enfant s'est arrêtée, en quatre nuits, d'être énurétique au lit.

C'est que l'avortement n'est pas sans conséquences. Ni sur les parents ni sur les autres enfants. Fausse couche ou interruption volontaire de grossesse (IVG) marquent les parents comme elles marquent frère et sœur.

Souvent, les parents, qu'ils soient mariés ou non, essaient d'oublier le mauvais souvenir d'une IVG. Ils en sont généralement malheureux. Impuissants et désarmés, ils ne font pas les fiers. Ils se sentent aussi coupables. (Il ne s'agit par ici de les juger mais de comprendre ce qui se passe en eux.) Jamais ils ne vont claironner leur démarche. En effet, ils se sentent fautifs, même si, consciemment, ils ont trouvé les meilleures raisons pour se justifier. Oui, une IVG pèse sur le conscient et bien plus encore sur l'inconscient.

Ainsi le résumait une jeune fille : « Ma mère a toujours préféré ma sœur plus jeune, elle l'a couvée, l'a comblée de jouets puis de cadeaux. Maintenant encore... C'est qu'elle a essayé de la faire " passer ". Elle se " rachète " sans le savoir ! »

Et les frères et sœurs ?

Ils ont peur, à leur tour, pour leur vie. Après une IVG ou une fausse couche, les enfants déjà nés et ceux qui vont naître ensuite ressentent inconsciemment leurs parents comme dangereux. Inconsciemment. Et l'inconscient ne fait pas de détails ! Car l'enfant sent, l'enfant sait que sa mère s'est fait avorter ou a subi une fausse couche. Si ces faits ne lui sont pas dits, ils deviennent menaçants pour lui. Lui aussi peut « y passer ».

Combien en ai-je vu de ces enfants, de ces jeunes qui vivotent, se préservant frileusement de tout risque. Être ou naître pas ? ruminent-ils sans cesse.

Délivrer l'enfant de cette peur, c'est lui dire l'événement. Quand les parents pourront se le raconter entre eux, ils pourront le relater à leurs enfants : « On attendait un deuxième ou un troisième enfant ou un bébé autre que toi et on l'a fait partir par le médecin avant qu'il ne vienne au monde. Mais toi, tu n'y es pour rien. Ce n'est pas de ta faute. N'aie pas peur, tu ne risques rien, on t'aime. » Ou bien, si c'est une fausse couche : « Il est mort avant de naître. Nous en sommes tristes [ou bien : " C'est bien ainsi "], c'est peut-être qu'il n'avait pas envie de vivre ? »

Voilà des propos qui calment le bébé, l'enfant, l'adolescent : les parents lui expliquent la vérité. Une vérité qui le concerne directement. De plus, ils l'assurent qu'il n'est ni menacé ni de trop.

Les disputes des parents

Gérard Sévérin. — « Les repas se passent toujours en criailleries et en pleurs, me racontait une maman. Mon mari et moi n'avons pas les mêmes principes éducatifs. Il suffit, par exemple, qu'entre les plats je permette aux enfants de faire un petit tour pour qu'ils se dégourdissent les jambes, pour que mon mari exige qu'ils restent à table, etc. » Les parents n'ayant pas toujours la même idée sur l'éducation de leurs enfants, bien des heurts peuvent surgir et ainsi désorienter les enfants.

Quelles conséquences pour eux ?

Quand les parents se disputent devant les enfants, les enfants se sentent coupables. Ils s'imaginent être la cause de ces cris. En effet, se figurant être le centre de leur famille, ils pensent que, si les parents se querellent, c'est forcément de leur faute et, de plus, ils craignent le pire : que leurs père et mère ne se séparent.

Dire à l'enfant qu'il n'y est pour rien, le soulagera.

Les grandes personnes peuvent échanger des mots ou hurler sans que ce soit la fin du monde ! Ils ont leurs « salades » de grandes personnes...

L'enfant ne pense-t-il pas toujours ainsi ?

Je connais des enfants angoissés et sans cesse agités parce que les parents donnent des ordres contradictoires. Un parent veut-il qu'en revenant de l'école les enfants se mettent tout de suite au travail scolaire, l'autre parent les laisse devant la télévision pour qu'ils se détendent. Les enfants, gênés ou narquois, clament : « Papa [ou Maman] nous l'a permis ! » Finalement, l'enfant n'a plus de points de repère alors que, dans son bas âge, il a besoin de cadre, de bornes, de limites précises. Adolescent, il tentera de s'en passer.

Mais, souvent, pour que ses parents ne se fâchent plus entre eux, le petit essaie de faire diversion. Certains se remettent à « faire caca » dans leur culotte. Ils espèrent ainsi attirer sur eux l'attention et les foudres. D'autres bégaient, d'autres arrêtent de travailler à l'école. Chacun y va de son symptôme !

Mais le danger apparaît puis le handicap s'installe quand les parents se chicanent à propos justement de l'enfant. Non seulement celui-ci se sent dès lors responsable des orages mais il se sent aussi fautif et de la colère et de la souffrance qui jaillissent alors chez ses parents.

Il devient coupable et tout-puissant.

Quand les parents sont en désaccord sur leur pédagogie respective, on ne compte plus les criailleries. Bien sûr, c'est souvent un « déplacement », c'est-à-dire que la vraie cause de leurs disputes est ailleurs. Mais ils ne le savent pas ou ne veulent pas en chercher la vraie raison. En attendant, tout est sujet de mésentente : l'heure du coucher, la tenue à table, la venue dans le lit des parents, le choix d'un loisir. L'enfant a l'impression d'être un jouet entre ses parents ou de dresser ses parents l'un contre l'autre. Il est, dans un premier temps, le plus fort. Comme me le disait un adolescent : « À défaut d'avoir ma mère, je les embêtais tous les deux ! Je m'immisçais dans leur couple », car certains enfants comprennent très vite le parti qu'ils peuvent tirer des désaccords des parents. Ils jouent l'un contre l'autre. Une mère me racontait : « Avant les repas, j'interdis à mon enfant de manger des sucreries. Je trouve que ça lui coupe l'appétit. Il me rétorque : " Ça ne fait rien, j'irai demander à papa. " » Cet enfant finira par mépriser et l'un et l'autre. Certains autres enfants accumulent des montagnes de rancœurs contre un parent qui devient alors tout mauvais et l'autre, par opposition, tout bon. Ainsi un garçon me racontait combien il avait de haine contre sa mère qui le giflait pour un oui ou pour un non s'il ne s'essuyait pas les pieds avant d'entrer dans la maison ou s'il ne finissait pas sa soupe ou ne nettoyait pas la baignoire, etc., tandis que son père ne levait jamais la main sur lui. « Mon père, lui, est bon : il est contre les claques, je le sens. » Quel intérêt y a-t-il pour un garçon à ne pas aimer sa mère ?

Mais pourquoi, au fond, toutes ces disputes entre conjoints qui s'aiment pourtant ?

Ces disputes répétées à propos des enfants disent que les parents sont encore, pour une part, restés les enfants de leurs propres parents. Ils ne sont pas encore devenus fils ou fille. Ils défendent la manière de faire de leur papa ou de leur maman (même s'ils font tout le contraire, c'est toujours par rapport à leurs parents).

Il est difficile alors aux enfants de trouver leur place face aux pugilats parentaux. Certains, alors, se déglinguent...

... parce qu'ils n'ont plus de points de repère ?

En effet, l'enfant est le fruit de ce père qui condamne toujours sa mère, de cette mère qui contrarie sans cesse son père... Ce père et cette mère sont en lui indissolublement unis... Et voici que les faits disent le contraire : ils sont désunis. Les injures qu'ils se lancent atteignent le père et la mère qui sont en lui et qui « divorcent » dans son cœur. L'enfant est désarticulé par ses parents qui ont chacun une vue différente sur la manière qu'il doit avoir de conduire sa vie. L'enfant est déboussolé.

Parents, si vous réglez vos comptes devant vos enfants, dites-leur qu'ils n'y sont pour rien : vous avez bien le droit d'avoir « vos nerfs ».

Mais si vous n'êtes pas d'accord sur vos méthodes d'éducation... attendez quelques minutes. Quand l'enfant sera au lit ou parti jouer chez le voisin, vous en parlerez tous les deux plus calmement. Peut-être même arriverez-vous alors à dire l'éducation que vous avez reçue de vos parents et ainsi à les quitter pour inventer, à deux, une nouvelle manière d'être avec votre enfant et lui indiquer une voie à suivre. Elle donnera un axe à sa vie.

Les enfants du divorce, à qui les confier ?

GÉRARD SÉVÉRIN. — Le divorce des parents est toujours un traumatisme pour les enfants. Ils croyaient leur univers éternel. Ils étaient convaincus que leurs parents les aimaient et organisaient au mieux leur bonheur. Ils étaient joyeux, voire insouciants. Les parents et eux ne faisaient qu'un. La famille faisait leur identité. Et tout se brise. Ils deviennent alors malheureux, angoissés, déchirés et coupables.

L'enfant, en effet, se sent toujours coupable de ce qui survient de désagréable entre son père et sa mère. Il se sent fautif de leur rupture et de leurs disputes. Le divorce des parents est pour l'enfant la fin d'un monde. Lui dire qu'il n'en est pas responsable le soulagerait beaucoup. On peut l'informer aussi que son père ne désire plus sa femme (ou vice versa) et que la vie à deux devient impossible. L'enfant le comprend. Comprenez sa peine. Peut-être souffrez-vous trop et ne pouvez-vous rien dire. Tenez-le au courant de votre difficulté à parler pour le moment.

Trop souvent, on rajoute du malheur aux enfants de parents divorcés en les distribuant n'importe comment. On les répartit vaille que vaille entre les différents membres de la famille. Tantôt, ils sont assignés à la mère, tantôt on les alloue au père ou bien on les adjuge aux grands-parents[1]. »

Mais sur quels critères se fonder ?

Et si l'on tenait compte de l'âge de l'enfant ! Et si l'on tenait compte du désir de l'enfant ! Pourquoi ne demanderait-on pas à l'enfant déjà grand chez qui il voudrait vivre quelques années ou quelques mois ?

Il est temps, grand temps de s'occuper de ce problème. À Paris, un couple sur deux risque de divorcer. En province, un sur trois. Chaque cas est particulier. Aucune solution n'est idéale pour les enfants. C'est un drame. Il faut les aider à le vivre au mieux pour survivre au mieux.

Avant dix-huit mois, l'enfant est encore « dans » sa mère. Elle est son repère, qui l'assure. Avant trois ans, l'enfant n'a pas grand-chose à faire loin d'elle. Il vivra donc avec sa mère qui lui parlera de son père. La mère dira à son enfant tout ce qu'elle peut dire de beau, de bien, de grand de son ex-mari. Le père deviendra peu à peu « quelqu'un ». Deviendra un modèle... imaginaire sur lequel l'enfant se construira en partie. Son père existera grâce à ce qu'en dira sa mère. Grâce aussi aux photos qu'elle commentera et aux visites qu'il rendra à son enfant.

Cette attitude demande un grand amour de son enfant. Car il n'est pas toujours facile de dire du bien de qui fait tant souffrir. Il n'est pas toujours aisé de dénicher quelque qualité dans un être que l'on juge peut-être abruti, vain ou répugnant...

1. À lire : F. Dolto et I. Angelino, *Quand les parents se séparent*, Seuil

Et si l'enfant veut voir son père, on le lui permettra... quand il le voudra et quand ce sera possible. L'enfant ne sera pas un moyen de pression ou de représailles entre les parents divorcés. Essayons de sauver ce qui peut l'être ! Et, si la mère découvre un autre amour dans sa vie, tant mieux pour elle et pour l'enfant. Souhaitons que, par la même occasion, l'enfant trouve un père adoptif aimant.

Certains me diront : « Et si le père désire avoir la garde de son enfant ?... Pourquoi n'aurait-il pas le droit de l'avoir comme la mère ? »

S'agit-il ici du droit du père ? S'agit-il du plaisir du père ?... Voyons le bien du bébé, d'abord. Bien sûr, si la mère était déficiente... Il existe des pères meilleurs éducateurs que certaines mères ventouses ou infantiles.

À quatre ans, existent deux sortes d'enfants : ceux qui savent « s'automaterner » et ceux qui sont encore complètement dépendants de leur mère. Ces derniers pourront bien sûr être confiés à leur père à condition, me semble-t-il, que cet homme vive avec une femme. Sinon l'enfant va se retrouver dépendant d'un homme qui sera présent à son enfant comme une femme, qui sera homme et femme à ses yeux. Mieux vaut donc pour lui rester avec sa mère si le père vit seul, sans femme. Ainsi, par la suite, l'enfant fera mieux la différence entre un homme et une femme, entre son sexe et l'autre sexe. C'est vers trois ans que l'enfant accepte ou refuse son sexe et découvre qu'il ne peut pas avoir les deux.

Si, à quatre ans, l'enfant, comme beaucoup d'enfants à cet âge, sait s'occuper de lui-même : s'il sait se laver, s'essuyer le derrière, s'habiller de vêtements munis d'élastique ou de fermeture Éclair, s'il sait se nourrir, c'est-à-dire s'il peut ouvrir le réfrigérateur et se servir, ce petit qui « s'automaterne » trouvera auprès de son père, s'il le désire, un autre espace, une autre manière de vivre complémentaire.

On conseille de ne pas faire déménager l'enfant, est-ce judicieux ?

De toute façon, il me semble meilleur pour le petit de rester dans l'appartement ou la maison des parents. En ce lieu affectif, l'enfant garde ses repères et sa sécurité. Ce lieu est imprégné de son père et de sa mère. Et cela, si on le peut, jusqu'à huit, neuf ans. Ce n'est qu'à partir de cet âge que l'enfant transporte avec lui son espace.

De même, il est mieux pour lui qu'il continue d'aller à la même école. C'est une « permanence » qui le régule. Bâtiments où il se « retrouve ». Camarades qui le reconnaissent. Maîtres qui l'encouragent. Habitudes qui l'assurent d'une continuité. Plutôt que de le déraciner pour le placer trois mois ici, six semaines ailleurs. Enfant-valise. Peut-être que, pour certains, les grands-parents pourraient être les points de repère affectifs et assurer la sécurité et la continuité de leur identité. Mais les circonstances ou le caractère ne permettent pas toujours de planifier le mieux-être de l'enfant !

À douze-quinze ans, l'enfant peut décider où il veut vivre. Veut-il rester dans le quartier ou le village de sa petite enfance ? Ne pourrait-on pas trouver alors une famille qui l'accueillerait ? Il n'a peut-être pas envie de vivre avec son père ni avec sa mère. Peut-être choisira-t-il d'aller en pension… loin du tumulte ou de la déprime de ses parents, loin de la cohabitation parfois difficile avec un beau-père ou une belle-mère, loin de ceux qui l'ont tellement déçu.

Il faut lui laisser le temps d'enterrer son passé et de découvrir son horizon. Puis de sentir que ses parents sont unis en lui, dans son inconscient, indissolublement, par leur amour quand ils l'ont conçu.

Familles « mosaïques »

Comme vous venez de le dire, les divorces sont toujours en augmentation. Les remariages ou les compagnonnages sont à la mode et deviennent même habituels. Comment aider les enfants à s'y retrouver ?

GÉRARD SÉVÉRIN. — « Qui est celui-là, près de la dame en chapeau, là-bas ? — C'est le fils de la première femme du second mari de celle qui t'a demandé des nouvelles de l'aîné de ta fille. — Et celle-là ? Qui a-t-elle comme mari déjà ? — Elle est en instance de divorce et vit avec le premier témoin... » Ainsi allaient les conversations à un mariage récent.

Voilà qui fait faire de la gym au cerveau, nous oblige à des mises à jour pour la mémoire de chacun et donne du piment ou du sérieux ou de la souffrance aux cérémonies de mariage. Tant se font et se défont de couples en ce moment que nous ne savons plus qui est qui par rapport à une ancienne épouse, un second compagnon, un copain, des demi-frères et sœurs, des beaux-parents, des grands-parents.

Si nous avons quelque mal à nous retrouver dans cet enchevêtrement de filiations, de connexions, d'unions et de désunions, pensez au puzzle géant que représentent ces alliances pour un enfant ! C'est un jeu de patience inextricable pour beaucoup.

Et d'abord, quel nom donner ? Voilà la maman avec un second mari. Sera-t-il « papa » ? « Jamais ! » m'a répondu un enfant de sept ans. « Comment l'appelleras-tu ? — Je l'appellerai " Jamais ". » Jouant sur les mots, je lui ai dit : « Va pour " Jamais " », qu'il a verlantisé en « Maija » que le second mari intelligent a accepté. Mais si ce jeune enfant l'avait surnommé « Noc » — comme il l'avait fait pour un grand-oncle —, l'aurait-il admis ?

Les noms deviennent un casse-tête...

... déjà dans les familles traditionnelles on se bagarre gentiment entre grands-parents pour laisser les pépé et les mémé aux autres et ravir les papy et les mamy. Quand arrivent les nouveaux, ils sont souvent démunis d'appellation contrôlée. Et pourtant, il faut bien les nommer.

Beau-père, belle-mère sont équivoques mais parâtre, marâtre sont synonymes de père et mère dénaturés.

Les mots nous manquent pour désigner cette nouvelle situation affective et juridique. C'est souvent l'enfant qui trouvera le nom qui lui chantera au cœur et à l'oreille. Il est bon qu'il invente le sien et n'appelle pas la compagne de son père « Julie », comme son père : faire des différences quand cela est possible permet à chacun de mieux trouver sa place et sa distance. Bien sûr, il y a les adolescents qui en profitent pour exhaler alors leur opposition avec des « madame » ou des silences. Soyez patients. Ils ne vivront pas entre vous le reste de leur âge.

Sachez aussi qu'ils souffrent profondément parfois et forcément vous haïssent. Certains pleurent encore au fond d'eux l'autre parent dont ils sont séparés.

Pour tous, surtout pour les jeunes, il serait très intéressant de fabriquer un arbre généalogique avec des photos. Ils pourraient ainsi mieux se repérer dans la frondaison familiale. Bien sûr, ils ne discerneront pas tout de suite comment peuvent s'organiser tronc, branches et greffes ni les subtilités entre frères et sœurs et demi-frères et demi-sœurs et cousinage, mais peu à peu ils s'y retrouveront et surtout ils sauront que vous ne leur cachez rien et qu'ils pourront toujours vous poser des questions sur leur origine et les racines de leur famille.

Ne pas faire mal ?

GÉRARD SÉVÉRIN. — Une baby-sitter outrée racontait à sa mère : « Je viens de garder une petite de six ans. Sa mère lui passe tout. Elle lui fait même entièrement sa toilette et elle la prend avec elle dans son lit. Elle fait toujours son bon plaisir. Elle ne supporte pas la voir pleurer. » Et certains parents ajoutent : « Mon enfant trouvera assez de souffrances plus tard. Je le gâte aujourd'hui. »

Une femme qui avait sa mère à demeure chez elle me disait : « Je ne supporte pas de faire mal à ma mère. » Elle lui faisait ses quatre volontés. Elle ne se permettait même pas de changer de chaîne de télévision. Et elle n'osait pas lui demander de la laisser seule, le soir, avec son mari. Elle s'efforçait toujours de faire plaisir à sa vieille maman de peur de la contrarier.

Un père me racontait : « Dire à ma jeune fille que je ne suis pas d'accord avec sa conduite m'est impossible. La voir pleurer m'est insupportable... »

Pourquoi ces attitudes ?

Ces adultes qui ne peuvent résister qui à son enfant, qui à sa mère ou à sa fille obéissent comme des enfants. Il leur est intolérable de ne pas combler les autres : enfants, fille, mère...

Beaucoup ne supportent pas qu'il manque quelque chose à ceux qu'ils aiment ! Pourtant, un mari ne pourra jamais combler sa femme. C'est im-po-ssi-ble. Une épouse ne pourra jamais combler son mari. C'est impossible. Les parents jamais ne satisferont leurs enfants et vice versa. On déçoit toujours. On est toujours déçu. On est toujours limité. Cela fait inévitablement mal à certains moments.

À la femme, il manque forcément quelque chose. À l'homme, il manque forcément aussi quelque chose. C'est quand on manque que l'on a de l'appétit ! Comblé, gavé, on s'endort, on ne vit pas. Quand il manque un manque, on n'est pas génial.

Un enfant protégé, cajolé dans la ouate sera donc fragile. La moindre contrariété, la plus petite déception sera un drame : il ne lui a jamais rien manqué...

Certains ont du mal à faire des reproches. Ils attendent toujours « le bon moment ». En fait, ils ont peur. Ils ont peur de faire mal. Comme si en éducation, comme si dans la vie sociale, on pouvait faire l'économie de la souffrance pour soi et pour les autres.

D'autres ont peur du conflit, cela ferait mal. Ils craignent que s'instaure une distance entre eux et l'autre. Mais surtout ils ont peur des représailles. En effet, même s'ils savent avoir raison, ils risquent d'être victimes de celui qui a la repartie facile, qui sait cibler des ripostes cruelles qui rendent coupable. Désarçonnés, ils ont la sensation d'avoir toujours tort quoi qu'ils disent, quoi qu'ils supportent.

Pour d'autres, l'idéal serait de pouvoir faire des reproches mais sans colère. Ils savent leurs critiques justifiées mais ils ont peur de leur agressivité qui accompagnerait leurs blâmes. C'est qu'ils se dévoileraient ! Ils laisseraient poindre un aspect d'eux-mêmes qu'ils désirent tenir secret ! Leur silence soigne leur image de marque. Ils remettent donc toujours à demain. Mais leur mutisme cache leur colère qui, comme un rat crevé, empeste leurs relations... On peut aimer l'autre et avoir des reproches à lui faire même avec irritation voire fureur.

Dire sa colère, faire des reproches, exprimer ce que nous pensons permet de manifester amour, dévouement, attachement, cela fortifie l'enfant et clarifie nos relations.

Dites oui quand c'est oui ! Dites non quand c'est non ! Cela peut faire mal.

L'argent-sexe

L'argent est accompagné chez nous d'un grand volume affectif qui vient de notre éducation. On cache ce que l'on gagne comme si c'était un peu honteux.

GÉRARD SÉVÉRIN. — Aux USA, on dit ce que l'on possède en banque. Chez nous, c'est indiscret, c'est comme une intrusion dans notre vie sexuelle, parce que chez nous, de fait, l'argent est très proche du sexe. Le montrer est impudique. De plus, nous remontent en mémoire des slogans : pas trop de plaisir, on ne peut pas tout avoir, il faut savoir se restreindre, vous ne pouvez servir Dieu et l'Argent... Et aussi nous pénètrent tous les malheurs que nous voyons à la télévision : l'immense cortège des chômeurs, les flots de sang des assassinés de la guerre, les enfants sans parents, les sans domicile fixe et les personnes déprimées, sans espoir et sans ressort. Alors, devant eux, nous nous sentons coupables de vouloir plus de plaisir ou plus d'argent. Je connais des commerçants qui ne font aucun effort pour réaménager leur magasin, d'autres qui ne risquent aucun changement pour recibler leurs ventes ni même pour rafraîchir la peinture de leur vitrine : « C'est la crise, c'est comme ça que travaillaient mes parents. Que diraient les gens ! Ils penseraient que je gagne de l'argent ou que je veux en gagner plus encore », me disait un détaillant. Et un tôlier-automobile n'osait pas mettre son nom ni son enseigne sur son garage : « Ce serait annoncer que je suis en compétition avec les autres et que je veux me montrer ! » me disait-il. Montrer quoi ?

Souvent aussi ne souhaite-t-on pas que nos enfants ne gagnent pas « trop » d'argent tout en les poussant vers les diplômes et les professions avantageuses qui « paient plus » ? Et s'ils voulaient partir à l'étranger « faire fortune » ou du moins gagner plus d'argent, beaucoup de parents les retiendraient au logis tout en se plaignant de la dureté des temps et du manque d'argent.

En fait, si nous sommes mal à l'aise avec le fait de gagner de l'argent, nous n'en gagnerons pas et nous serons même empêchés d'en profiter pleinement. En ce sens, je connais de vieux étrangers qui avaient quitté leur pays pour venir chez nous, heureux, très heureux de gagner plus que chez eux et qui envoyaient de l'argent à père et mère et frères et sœurs restés au pays. Fiers de leurs revenus ou de leur ascension sociale.

C'est que l'argent n'est ni bon ni mauvais en soi. L'argent est ambigu comme tout ce que touche l'homme. Il peut rendre dictateur et esclave. Il peut aussi donner de la liberté, du raffinement, de l'abondance.

Comme disait un ouvrier algérien : « L'argent, ça ouvre les yeux », et ça permet de faire faire des études aux enfants, ça permet de partager quelque chose avec les autres.

En outre, si vous avez plus de joie, plus de réussite, vous aurez aussi plus d'énergie et d'ingéniosité, et vous allez pouvoir créer votre monde et le créer avec amour. Car, quand on est dans le bien-être avec soi, ça rejaillit sur les autres. On va se mettre à aimer les autres comme soi-même. Car les sentiments que nous avons en nous induisent les sentiments des autres. Si vous êtes victimes, vous induisez chez les autres de la pitié, pas de l'amour. Il y a des filles qui ne se marieront jamais : elles se plaignent toujours. Il y a des commerçants qui ne feront jamais fortune : ils se présentent comme des victimes et le client devrait être leur sauveur. Il y a des ouvriers, des cadres qui se présentent perdants aux entretiens préliminaires à l'embauche ou sans s'y préparer : l'entreprise devrait les prendre en charge !

Le drame avec l'argent n'est pas d'en avoir beaucoup ni d'en avoir « trop », c'est de penser ou de croire qu'il est notre manque, notre seul manque. Alors il devient notre Maître et Seigneur.

Les adultes sont infiniment plus à l'aise avec l'argent de poche de leur enfant qu'avec le leur.

L'argent de poche n'a pas une réelle importance : il satisfait les petits plaisirs. Mais l'argent adulte, en France, est sérieux et même grave. Il n'y a pas si longtemps, on le disait, avec Freud, substitution anale : c'était une crotte qui, comme les premiers cacas, permettait à l'enfant « d'acheter » l'amour de sa mère. Quel plaisir il lui faisait quand il lui offrait dans son pot un gros « paquet ». L'or n'est-il pas de la même couleur que la selle du bébé ? Et l'on dit qu'il n'a pas d'odeur ! On le donne ou on le retient comme une diarrhée ou une constipation, etc.

Il paraît que la signification de l'argent est aussi sexuelle.

On le cache, on a des pudeurs pour en parler. Ne remettons-nous pas une « enveloppe » pour un service rendu ? Oui, il nous faut habiller nos billets ? Quand on n'en a plus, on est « à découvert ». On a du « liquide » sur soi ou on est fauché (castré ?). Le montant de ce que gagnent le père et la mère est tenu secret. On dissimule ce que l'on peut « débourser » dans une famille. Certains maris ne supportent pas que leur femme gagne plus qu'eux : ils se sentent dévirilisés. Car l'or et l'argent sont de plus en plus synonymes de « puissance ». Celui qui les possède a du pouvoir. « Quand il doit me donner mon argent de la semaine, me disait un jeune, mon père se fait toujours prier. Il discutaille. Il me fait sentir que cet argent est le sien. Il me tient. Il les lâche au compte-gouttes. C'est agaçant de toujours s'affronter ainsi. » Avec le mot sexe, le mot argent est l'un des substantifs qui a le plus grand nombre de synonymes argotiques ou triviaux : avoine, pèze, pognon, blé, fric, oseille, flouze...

Aujourd'hui, ça change.

Un adolescent de treize ans peut, avec l'accord de ses parents, ouvrir un compte. Les banques se chargent d'initier les jeunes enfants de dix ans à la gestion de leur argent. La puissance va passer des parents aux PDG en culottes courtes. La part des parents se rétrécit.

Les enfants qui apprendront à placer judicieusement leur avoir s'initieront à l'argent sans prendre la peine de le gagner en exerçant un métier. Ou bien, ils laisseront leurs parents à leurs fantasmes de toute-puissance tout en restant à la maison et en bénéficiant, mine de rien, de la manne familiale.

Pour d'autres, l'argent deviendra un moyen de communication, un outil dont on a besoin pour vivre en société. Pour ce faire, comme je l'ai dit, l'enfant a besoin qu'on lui donne le prix des choses, des cahiers, du pain, des fruits, des vêtements, puis du loyer, de la paye de ses parents. On peut lui apprendre à faire ses comptes, à réaliser des économies s'il le désire ; ainsi sera-t-il socialisé.

Et si, pour les parents, l'argent n'est pas la valeur suprême ?

L'enfant saura que même avec un salaire moindre on peut être intéressant. Il saura, si les parents ne sont pas envieux du voisin plus riche, que, sans fortune, l'on peut être heureux et valeureux.

Pour ceux qui le peuvent et le souhaitent, réaliser un plan d'épargne logement ou un livret pour leur enfant aidera celui-ci à prendre conscience de certains mécanismes bancaires mais surtout lui permettra, le moment venu, de quitter le foyer parental et de prendre son autonomie.

Mais pour les parents, l'argent est le signe d'autre chose.

La manière dont l'homme et la femme se répartissent le pouvoir sur les achats et les dépenses varie avec chaque couple et n'est pas innocente. Il y a des hommes qui rapportent leur salaire à leur femme et ne s'occupent plus de rien. Les dépenses ? C'est leur femme qui gère le portefeuille. C'est elle qui devra s'occuper même de l'achat d'un appartement. Le mari ne s'occupe que de travailler et de rapporter l'argent. Il est même des couples chez lesquels c'est la femme qui donne chaque week-end l'argent de poche à son conjoint. C'est une maman toute-puissante qui « débourse » pour son enfant de mari.

Chez d'autres couples, c'est l'inverse. La femme reçoit de son puissant seigneur le chèque hebdomadaire. À elle d'administrer au mieux le train-train familial. Si, d'aventure, une dépense supplémentaire intervenait, il lui faudrait demander un appoint. Alors le mari souverain déboursera pour son enfant d'épouse.

Lorsqu'il y a divorce, l'homme renâcle à payer la pension alimentaire, « il a du mal à les lâcher ». Ses sous ? Sans doute, mais « l'expression laisse entrevoir le rapport à ses testicules dont il lui faut reprendre possession en sevrant son ex-épouse », selon l'interprétation de D. Dumas[1].

D'autres couples s'organisent dans un échange.

Le (ou les) salaire est la propriété des deux. On discute avant les achats, les vacances, le montant de l'argent de poche à octroyer aux enfants. Une harmonie peut alors s'établir qui est toujours à consolider ou à parfaire. Car, comme en amour, c'est tour à tour l'un puis l'autre qui est demandeur, qui est dépendant, qui est en manque. Quand on arrive à un équilibre pendant un temps c'est comme un miracle qu'il faut entretenir à l'instar de la vie sexuelle qui est signe d'autre chose.

1. *La Sexualité masculine, op. cit.*

Parents et beaux-parents

Un dicton populaire affirme : « Mariage-ménage ».

GÉRARD SÉVÉRIN. — Il dit que chaque couple doit être tranquille pour se fabriquer. On se rencontre puis on décide de vivre ensemble. On se marie un jour et c'est chaque jour que l'on s'épouse. Pour se construire harmonieusement, chaque couple a besoin d'espace, de temps et de liberté.

Un homme se plaignait : « Tous les mois, si ce n'est pas deux fois par mois, nous devons faire deux cents kilomètres pour aller passer le week-end chez mes beaux-parents, sinon c'est l'enfer à la maison. Ma femme boude. Et puis, elle me rend coupable : ses parents sont si seuls depuis le départ de tous les enfants que c'est cruel de ne pas y aller. » De plus, de temps à autre, les beaux-parents sont de passage chez ce jeune couple, sans oublier les coups de téléphone... Cet homme ne respire plus qu'au rythme de cette invasion. Il étouffe. Maintenant, il a le sentiment de prendre en aversion sa belle-famille.

Ailleurs, c'est la belle-mère qui, telle une « mama » italienne, régente tout son petit monde. Passe en Italie où la culture est autre, où les époux sont tous les deux de même éducation. En France, cette intrusion est difficilement acceptable. Chaque couple veut sa liberté.

Cependant certains jeunes couples ne tiennent pas à être réduits à une vie à deux, en un duo qui devient ennuyeux puis querelleur.

Une femme me disait en riant : « Chaque soir, en rentrant du travail, mon mari passe chez sa mère. Il y prend sa gougoutte de lait. » Elle était d'accord et lui aussi. Pourquoi pas ? À chaque couple son rythme.

Quoi qu'il en soit, il me semble que ce sont les jeunes ménages qui ont à trouver leur rythme de visite chez parents et beaux-parents. Les obliger ou s'obliger à des rencontres lasse bien vite. D'autre part, parents et beaux-parents peuvent aussi, à leur tour, refuser les irruptions-invasions de gendres ou de brus venus déposer les petits-enfants.

Pourquoi ces distances ?

D'abord parce que les enfants ne sont pas là pour aider les parents à vivre leur vie de couple ou à combler le vide de leur union. Cependant beaucoup d'enfants s'en sentent responsables. Ils se croient obligés de satisfaire la victime. « J'ai pitié de ma mère. Mais elle m'exaspère : elle me téléphone trois ou quatre fois par semaine, me disait une femme. Mais elle est si malheureuse que je me sens coupable si je n'essaie pas de la rendre heureuse. » Et cette jeune femme est au bord de la déprime en voyant son couple se défaire à cause de cette mère et belle-mère invivable qui distribue angoisse et mauvaises nouvelles.

Pourquoi des distances ? Parce que les enfants qui se

mettent en couple ont besoin de communiquer entre eux d'une manière originale sans les conseils de leurs parents. Beaucoup vont même quitter et leur appartement de célibataire et leurs amis d'enfance pour s'aménager un « chez eux » neuf et se trouver de nouveaux amis, des amis de couple. Ils ont besoin d'engendrer un « nous » conjugal qui est une entité, une personnalité nouvelle, unique, qui ne supporte ni voyeurs ni conseilleurs.

Ce duo ne roucoule pas toujours. Il s'invente jour après jour. Il ne supporte pas d'être surveillé ni même d'être entendu. Certains beaux-parents, exigeants ou jaloux, s'immiscent trop souvent, sans y être invités, chez leur gendre ou bru. Sans le vouloir consciemment, ils divisent puis séparent les jeunes couples. Beaucoup sont ainsi à l'origine de nombreuses disputes chez les enfants mariés et de nombreux divorces... « Mariage-ménage ! »

C'est vrai, les beaux-parents ne sont pas toujours de tout repos !

La période des vacances peut révéler les problèmes latents... « Infernal !... On était chez ma belle-mère ! Sans cesse, elle intervenait dans notre vie. Elle discutait nos choix d'horaires, nos lieux d'excursion. Elle reprenait les enfants sur leur tenue à table, etc. », se plaignait une femme. « Pourquoi étiez-vous chez elle si sa présence vous est si éprouvante ? — Elle est veuve. Il faut donc la prendre en charge. »

Sans doute que l'on doit porter assistance à personne en danger, mais est-ce cette belle-mère qui est en danger ou le couple des enfants et l'éducation des petits-enfants ? Bien sûr, le danger n'est pas bien redoutable si la cohabitation ne dure qu'un été, mais, quand elle se prolonge, quand les beaux-parents s'invitent et s'incrustent, s'imposent et téléphonent sans cesse...

Pour les petits-enfants, voir la grand-mère ou le grand-père est bienfaisant quand ceux-ci restent à leur place. Mais quand ils prennent en main les rênes de la maisonnée, est-ce tonique ? Leurs propres parents — qui sont des modèles de vie — redeviennent alors des enfants obéissants ou subissants. Ils régressent, comme on dit. Les parents ne se conduisent pas comme des adultes responsables de l'organisation de leur couple et de l'éducation de leurs enfants. Ils font l'enfant et leurs enfants feront comme eux : ils resteront enfants.

Une femme me disait : « Quand je vois ma mère, je parle moins à mon mari. En fin de compte, je fais comme ma mère avec mon père. » Et un homme me confiait : « Il faut que je m'éloigne de mes parents, ils se plaignent toujours. Ils deviennent pour moi des modèles d'échec. »

Vivre sans cesse avec ou chez les grands-parents n'est donc pas, à coup sûr, promotionnant pour un enfant.

Bien sûr que les grands-parents peuvent rendre des services de garde, de dépannage. Ils apportent aux enfants un volume affectif et une mémoire familiale que les parents ne prennent peut-être plus le temps d'offrir à leurs propres enfants. Cette présence est un cadeau pour les enfants.

Mais quand les grands-parents deviennent le couple de référence, le couple des jeunes parents devient alors un couple de frère et de sœur aînés qui font les adolescents devant plus âgés qu'eux. Les enfants — les vrais ! — ne s'y retrouvent plus. Certains deviennent souvent insolents comme on peut l'être avec un frère ou une sœur plus âgé.

La plupart du temps, on essaie d'étouffer toute discorde. On se tait : on ne veut pas de conflit, pas de dispute, ni de mise au point. Alors que ce sont les conflits qui sont formateurs quand ils sont endossés et pris en compte. « Ma mère ne supporte pas la moindre réticence de ma part », me disait un homme. « Il faut que je lui téléphone sitôt rentré de vacances », confiait un autre. « Il faut que je fasse avec. Il faut pardonner aux vieux parents... », répètent certains adultes.

Mais comment en parler aux jeunes enfants ?

« Mais oui... notre vie de famille n'est pas idéale ! J'ai des reproches à faire à ta grand-mère et ta mère a des colères contre moi. C'est ainsi. C'est la vie, ça aussi. Une dispute n'est pas la fin du monde », pourrait-on dire aux enfants. Cela remet les choses et les gens en place, même en vacances.

Et si les grands-parents ne veulent pas ou ne peuvent pas comprendre ? Ne serait-il pas nécessaire alors de prendre quelque distance, voire de couper le fil, de ne plus passer de coups de fil... pour un temps ? C'est en se séparant que l'on pourra se rencontrer à nouveau, autrement.

Conclusion

Au terme de ce livre, nous voyons que bonheur et souffrance se côtoient sans cesse. Pourquoi alors votre titre : Un bonheur est si vite arrivé ?

GÉRARD SÉVÉRIN. — D'abord, parce qu'il est temps de mettre un terme à l'éducation de victime qui nous inonde : « Un malheur ne vient jamais seul », « À quelque chose malheur est bon », « Un malheur est si vite arrivé », « La terre est une vallée de larmes », « Le malheur des uns fait le bonheur des autres », etc. Pourquoi ne pas mettre en valeur le bonheur et la joie ? Combien de personnes ne sont-elles pas gênées d'être en bonne santé, d'être à l'aise en fin de mois ? Combien de personnes ne peuvent pas dire leur bonheur car elles vont, croient-elles, attirer un malheur. D'autres imaginent être intéressantes en se plaignant constamment. Leurs déboires ressassés leur donneraient du poids, du sérieux dans la vie. En fait, bien souvent, elles espèrent ainsi recevoir une sorte d'absolution pour leurs échecs ou leur inaction.

Mais la souffrance existe. On ne peut pas toujours y échapper.

La souffrance fait partie de notre humaine condition mais elle n'est pas toujours première. Je m'explique...

Freud écrivait : « Un solide égoïsme préserve de la maladie mais, à la fin, l'on doit se mettre à aimer pour ne pas tomber malade. » Certains ajouteront bien vite : « Quand on aime, on souffre ! » C'est vrai, cependant, dans l'amour il n'y a pas que de la souffrance, il y a plus de joie que de malheur. Pourtant, une vie de couple peut devenir un enfer momentanément ou de façon durable ; il faut alors en sortir pour retrouver un sens à la vie. De même les souffrances du corps peuvent donner sens à ce corps. Dans quel but ? Pour une sublimation, une métamorphose.

Pourriez-vous donner des exemples de ces sortes de métamorphoses, de ces changements ?

Mais ils s'opèrent tout au long de notre vie. Ainsi, quand le fœtus quitte le ventre de sa mère, il quitte une manière de vivre, il quitte aussi son univers. Il abandonne son placenta, son liquide amniotique, ses membranes, sa chaleur... Il en laisse, du bonheur ! Il quitte les plaisirs d'un nid, la sécurité de neuf mois d'habitudes... Pourquoi ? Peut-être pour de l'absurde, peut-être pour du non-sens ? Qu'en sait-il ? Vous imaginez son angoisse.

Bien sûr, nous qui sommes à l'extérieur, nous savons que la vie continue mais lui, qu'en sait-il ? Son cœur change de rythme. Ses yeux vont voir. Ses poumons se remplir, ses jambes se détendre, les battements du cœur de sa mère disparaissent. Une insolite pesanteur le presse... Le fœtus « meurt ». Le bébé vit.

Le fœtus pour jouir de la vie qui continue, doit donc accepter la souffrance et la « mort ».

C'est donc notre première « mort » pour une première « autre vie ». À notre naissance, nous avons donc fait une certaine expérience de la mort...

Et il y en aura d'autres. Ainsi le sevrage n'est-il pas une « mort » ? Le bébé quitte le sein. Il se sépare d'un corps à corps avec sa mère. Il abandonne son plaisir immédiat de téter.

Quel drame bien souvent !

Mais alors il va se mettre à parler. En effet, on ne peut parler si l'on a toujours le téton entre les lèvres. À ce prix, il accède à une « autre vie », celle de la parole, mais pour plus de joie !

Y a-t-il encore d'autres métamorphoses ?

Il va découvrir qu'il n'est pas à la fois « papa-maman » ! Autrement dit, il n'est pas possesseur des deux sexes. Il lui faut quitter un des sexes pour devenir « quelqu'un ». Voilà aussi un changement dont certains ne se remettent jamais, ou bien que certains ne veulent pas « vivre » : ça les ferait trop souffrir, croient-ils. Ambivalents ou déçus à vie, ils voudraient toujours être à la fois homme et femme ou bien être de l'autre sexe. Ils vivotent, n'ayant jamais pu mourir au sexe qui n'est pas inscrit dans leur corps. Mourir, souffrir, est essentiel pour vivre.

Mais c'est dans une dynamique !

Bien sûr, mais quand on le vit on n'a pas du tout l'impression que c'est pour des lendemains qui chantent.

Et à la puberté, il est des jeunes qui vivent un anéantissement. Ils aimaient de tout leur cœur, de tout leur corps, et voilà que l'autre ne faisait que s'amuser. Indifférent. C'est beaucoup de souffrance.

Et plus tard, ne gomme-t-on pas les rides et les cheveux gris ? Une femme de quarante ans, mère de famille, me disait : « Je n'ai pas envie de grandir. Je veux, adulte, rester enfant parce que j'ai peur de souffrir, j'ai peur de mourir ! »

Et pourtant, l'homme, un jour, quittera son placenta d'aujourd'hui, son corps et l'air qu'il respire. Ce sera « une » mort encore et de la détresse.

C'est là que s'arrêtent les explications philosophiques ou psychologiques.

On ne peut aller plus loin. « Ici, il n'y a plus de chemin », dit saint Jean de la Croix. C'est alors ou le non-sens pour certains, ou le sens qui entraîne au-delà, comme pour le fœtus quand il naît.

En effet, au long de notre vie, nous nous reconstruisons, sur des deuils, sur des morts, sur des séparations, sur de la souffrance. Nous renaissons dans la joie, mais après y avoir laissé un peu de nous-mêmes, de nos illusions, de nos rêves, de nos espoirs, de notre santé, de notre foi... Et au-delà ?

Y a-t-il un au-delà ? Y a-t-il une survie ? Notre souffrance est-elle un tremplin pour une vie autre ? Nous nous posons toutes les questions du fœtus contraint de « mourir » pour continuer de vivre.

Finalement, tous les exemples que vous donnez sont des passages d'un état à un autre état qui nous font aller à la rencontre des autres.

Un changement de vie, une souffrance, et une joie qui ne débouchent pas sur les autres sont avidité égoïste.

Parfois la route est longue et difficile et même désespérante pour certains qui sont handicapés ou en deuil.

C'est juste. Ce peut être le désespoir si rien n'a de sens. Mais cette souffrance peut être utile si elle n'écrase pas.

Comment une détresse peut-elle être utile ?

Les Évangiles des croyants disent que « Jésus par sa vie et les paroles qu'il nous a laissées nous initie à la souffrance et à la joie pour et avec les autres, comme le dit Françoise Dolto, joie et souffrance que nous pouvons vivre jusqu'au moment ultime de la mort qui est une détresse pour tout homme. » C'est la transcendance du corps après la souffrance comme celui de Jésus ressuscité.

Et pour ceux qui ne croient pas ?

En dehors de la sainteté, on ne sait pas quoi faire de la souffrance. Elle n'est pas bonne en elle-même. Elle a qualité si elle résulte de notre désir comme l'explorateur, le chercheur, les parents, l'artiste, etc. tendus vers un but et qui forcément récoltent aussi fatigue et angoisses et échecs. Cette souffrance a un but. Elle peut être tremplin.

Mais quand on n'a pas d'avenir pour naître autre et que l'on souffre... pour rien, à part les soins palliatifs qui calment et aident à vivre les derniers jours, que faire ?

Cela dit, n'oublions pas que nous allons vers ce que nous regardons et que notre inconscient nous entraîne vers ce que nous lui montrons, bonheur ou malheur.

Ainsi, montrer les horreurs, est-ce un bon remède « pour que ça ne recommence plus » ? Les images de la guerre, des camps de concentration, de la répression raciste contre les Noirs, les Arabes, n'apportent pas la répulsion espérée et ne préservent pas suffisamment les victimes aujourd'hui.

Car au fond de nous existe une veine de sadisme vite ravivée, une source de masochisme prête à sortir. Pour les contenir, il vaut mieux rappeler et montrer à chacun les hauts faits, les exploits, les exemples d'amour et de réussites. C'est cela qui donne un élan vers plus d'humanité. (En montrant aussi les limites et les défauts des héros, des chercheurs ou des saints.) Nous serons entraînés vers plus de joie car, je le redis, notre inconscient va vers ce que nous lui montrons. Nous pouvons donc le « travailler » à aller vers du bonheur.

N'oublions pas que la souffrance n'est pas bonne en soi.

N'oublions pas que le bonheur, la joie sont des valeurs.

N'oublions pas qu'un bonheur est si vite arrivé.

Table

Introduction 11

I. Le bonheur 13

Le bonheur ou avoir les pieds sur terre. 15
Heurs et malheurs 21
Peur, mon amie 27
Bonne année ! 33

II. Inconscients, qui êtes-vous ? 37

À chacun son point de vue 39
L'inconscient 45
Le psychosomatique 51
Le sentiment de culpabilité 55
Le transfert de sentiments 59
La dépression 65
Qu'est-ce que guérir ? 71

III. Pêle-mêle humain 75

Mon corps, c'est quelqu'un. 77
Le manger 81
À votre bon plaisir 85
Ne cédez pas sur votre désir 89
Mystère de la personne 91
La colère 95
Silence 99

IV. Couple et couples 103

La femme et l'homme 105
Comme un homme. 113
L'engagement 117
La fidélité 125
Le couple, aliénation ou liberté ? 131
Harmonie sexuelle : équilibrés ou équilibristes ? 141
Pourquoi se marie-t-on ? Pourquoi divorce-t-on ?. 153
Faut-il tout se dire dans un couple ? 165
Différents 171
Amours, délices et orgasmes 175
Ne convertissez pas l'autre ! 179
Couple 183

V. La famille et ses questions. 189

Chacun à sa place ou le désir d'exister 191
À quoi sert la famille ? 201

Éduquer 207
Dire sa foi 217
Parler au fœtus 221
Avorter ? 225
Les disputes des parents. 229
Les enfants du divorce, à qui les confier ? . . . 233
Familles « mosaïques » 239
Ne pas faire mal ? 243
L'argent-sexe 247
Parents et beaux-parents 253

Conclusion 259

La composition de cet ouvrage
a été réalisée par l'Imprimerie BUSSIÈRE,
l'impression et le brochage ont été effectués
sur presse CAMERON *dans les ateliers de B.C.I.,*
à Saint-Amand-Montrond (Cher),
pour le compte des Éditions Albin Michel.

Achevé d'imprimer en août 1995.
N° d'édition : 14858. N° d'impression : 4/663.
Dépôt légal : août 1995.